河北省社会科学基金项目

河北省村镇银行发展制度演进及效果评价

杨海芬　赵增锋　范倩倩　赵新烁　王春柳 ◎ 著

中国农业科学技术出版社

图书在版编目(CIP)数据

河北省村镇银行发展制度演进及效果评价 / 杨海芬等著. -- 北京：中国农业科学技术出版社，2022.5
ISBN 978-7-5116-5768-8

Ⅰ.①河… Ⅱ.杨… Ⅲ.①村镇银行-银行发展-研究-河北 Ⅳ.①F832.35

中国版本图书馆 CIP 数据核字(2022)第 080698 号

责任编辑　徐定娜
责任校对　贾海霞
责任印制　姜义伟　王思文

出 版 者	中国农业科学技术出版社
	北京市中关村南大街 12 号　　邮编：100081
电　　话	(010) 82105169（编辑室）　　(010) 82109702（发行部）
	(010) 82109709（读者服务部）
网　　址	http://www.castp.cn
经 销 者	各地新华书店
印 刷 者	北京建宏印刷有限公司
开　　本	185 mm×260 mm　1/16
印　　张	11.5
字　　数	226 千字
版　　次	2022 年 5 月第 1 版　2022 年 5 月第 1 次印刷
定　　价	48.00 元

◢版权所有·翻印必究◣

本书还得到以下单位资助：

河北农业大学现代农业发展研究中心

河北省哲学社会科学研究基地（河北省农业经济发展战略研究基地）

河北省软科学研究基地（河北省"三农"问题研究基地）

河北省农业农村经济协同创新中心

特此感谢！

前　言

"三农"问题一直是国家关注的重点问题。解决"三农"问题，农村金融的发展是关键。2006年以前，我国已形成了包括政策性金融、商业性金融和合作性金融在内的多元化、多层次的农村金融组织体系，但由于这些农村金融机构没有下沉到农村地区，因此农村金融市场并没有完全开放，农村地区对金融产品和服务的需求仍然无法满足，农村的社会经济环境也没有得到更好改善。为了解决农村地区金融供给不足等问题，2006年底，村镇银行等新型农村金融机构应运而生，农村金融市场也因此开放。村镇银行是内生于农村金融市场而由国家通过顶层设计推出的唯一一家定位"支农支小"的商业银行。截至2020年12月底，村镇银行在全国31个省、市、自治区设立包括总行（1 637家）、支行（4 640家）、分理处（184家）、服务站（1家）在内的村镇银行营业机构共6 462家，已成长为总行数量上仅次于农商行（包括农信社和农村合作银行）、功能上又不同于农商行的服务于农户和小微企业的主力军。伴随农户和小微企业资金需求的变化，中国银监会（现中国银保监会，下同）出台了一系列针对村镇银行发展的制度、意见及通知等：从试点阶段的《村镇银行管理暂行规定》《关于加强村镇银行监管的意见》，到形成阶段的《新型农村金融机构2009年—2011年总体工作安排》《关于鼓励和引导民间资本进入银行业的实施意见》，再到发展阶段的《关于银行业金融机构发起设立村镇银行有关事项的通知》《关于进一步促进村镇银行健康发展的指导意见》，以及成熟阶段的《关于开展投资管理型村镇银行和"多县一行"制村镇银行试点工作的通知》，最后到高质量发展阶段的《关于推动村镇银行坚守定位　提升服务乡村振兴战略能力的通知》，经历了由单一法人制到控股公司型和管理总部制，再到投资管理型和多县一行制的制度设计。这种作为经营者自发倡导并实施的制度变迁，在其产生和发展的过程中深刻体现着其制度适应性，理论上应该能够同时实现"支农支小"的政策性和自身盈利性的双重目标。

河北省自2008年第一家村镇银行——张北信达村镇银行试点以来，截至2020年12月底，已成立营业机构322家，其中总行110家，分支机构212家，网点遍及河北省各地区，已逐渐成为金融支持乡村振兴的主力军。河北省村镇银行自成立之日起，始终以服务"三农"和小微企业为根本宗旨，开展各项金融服务，极大地促进了当地经济的发展。那么，河北省村镇银行在落实"支农支小"政策目标的同时，是否伴随金融科技环境的变化提高了金融科技应用水平？是否实现了自身盈利性目标？区域空间布局是否均衡？其制度的变迁是否充分体现着其适应经济社会环境的变化，即其制度适应性效率如何？这些问题学术界还较少关注。

本书以河北省村镇银行为研究对象，梳理并评价相关理论，运用动态和静态相结合的方法对河北省村镇银行发展的制度演进和现状进行描述性统计分析，探寻制度演进的一般规律和现实差距。在此基础上，对河北省村镇银行发展的金融科技应用水平、机构经营效率、空间布局均衡水平和制度适应性效率进行系统的量化分析，探索其金融科技应用水平的大小、自身盈利性目标的实现程度、空间布局的均衡水平和制度适应性效率的高低，挖掘河北省村镇银行发展中存在的问题，并提出相应的对策建议，对完善河北省村镇银行机构发展、提高金融科技应用水平、优化空间布局，进而提高村镇银行经营效率和适应性效率具有重要的理论和现实意义。本书分为四部分，共9章。

第一部分　理论基础，包括第1章。

第1章　概念界定与理论基础。主要从政策、实务界和学术界3个层面对村镇银行制度、金融科技应用水平、村镇银行经营效率和村镇银行适应性效率等相关概念进行分析并界定，对农村金融发展理论、制度变迁理论、金融资源理论、空间经济学理论和适应性效率理论等相关理论进行梳理并评价，旨在为河北省村镇银行发展的实证分析提供理论基础。

第二部分　制度演进与发展现状，包括第2章和第3章。

第2章　河北省村镇银行发展制度演进。对河北省村镇银行发展的不同阶段包括试点阶段、形成阶段、成长阶段、成熟阶段和高质量发展阶段，从制度需求背景、制度供给和制度执行效果3个层面进行系统分析，探索河北省村镇银行发展的演进规律，从定性角度分析其制度适应性的高低。

第3章　河北省村镇银行发展现状。从机构数量、地区分布、注册资本规模、机构设立在村镇的比例等方面对河北省村镇银行发展的业绩进行分析，并选取相应指标将其与全国平均水平和东部地区平均水平进行比较，分析并评价河北省的差距，探索河北省村镇银行发展的经验与不足。

第三部分　效果评价，包括第 4 章到第 7 章。

第 4 章　河北省村镇银行发展效果评价——金融科技应用水平。从提高河北省村镇银行金融科技应用水平的必要性出发，在运用典型调研数据对其现状进行描述性统计分析的基础上，选取通过基础资源、智能设备配备和智能平台的搭建 3 个方面的 10 个指标，利用主成分分析法对调查的河北省 54 家村镇银行金融科技应用水平及其影响因素进行实证研究。结果表明：村镇银行金融科技应用水平高低不均，智能平台建设是显著的影响因素；非农村商业银行发起的村镇银行应用水平高；北部地区金融科技应用水平低。

第 5 章　河北省村镇银行发展效果评价——机构经营效率。以河北省截至 2020 年底的 110 家村镇银行总行为决策单元，选取注册资本、参保人数、机构网点数和最大持股比例为投入指标，综合评分为产出指标，利用 DEA 方法测度各个决策单元的经营效率包括综合效率、纯技术效率和规模效率。研究结果表明：河北省村镇银行总体经营效率较低，是规模无效和纯技术弱有效共同作用的结果。

第 6 章　河北省村镇银行发展效果评价——空间布局均衡水平。首先，利用 GIS（地理信息系统）地图分析法量化村镇银行机构网点、人力资源以及经营实力的空间分布状况，探索河北省村镇银行空间布局中存在的问题。其次，以 2020 年成立的 110 家村镇银行总行为数据基础，结合金融资源的特性构建空间布局量化的指标，以市区为单位，运用主成分分析法测度整体及各市的空间布局综合得分。结果表明：河北省村镇银行空间布局得分偏低且布局失衡，而机构网点的空间异质性是空间布局失衡的体现，村镇银行经营实力不高导致其空间布局综合得分偏低。

第 7 章　河北省村镇银行发展效果评价——制度适应性效率。构建河北省村镇银行制度适应性效率的评价指标体系，选取 2010—2019 年河北省农村经济社会发展和河北省村镇银行的指标数据，运用因子—弹性分析法对河北省村镇银行制度适应性效率进行实证研究。结果表明：河北省村镇银行制度从总体来看适应性效率较低；村镇银行服务"三农"的水平降低导致其制度适应性效率较低；村镇银行经营效率低是制度适应性效率低的体现。

第四部分　问题及对策建议，包括第 8 章和第 9 章。

第 8 章　河北省村镇银行发展存在的问题分析。从金融机构自身层面、金融科技应用层面、空间布局层面、国家制度安排层面和经济社会环境层面等对河北省村镇银行发展中存在的问题进行描述性统计分析，旨在探索影响效率的因素。

第9章　完善河北省村镇银行发展的对策建议。从"支农支小"的定位、品牌知名度的提升、业务品种的创新、公司治理机制的完善和从业人员素质的提高等方面加强村镇银行机构自身的发展；从同业资源的利用、技术手段的提升、服务模式的创新、风险的识别和防控等方面加大对村镇银行的科技投入；从数字化发展、机构网点建设、人力资源管理和经营实力等方面优化村镇银行空间布局。从激励约束制度、信用制度和差异化监管制度等方面强化国家和地方政府对村镇银行的制度建设；从盈利能力的提升、产品和服务的创新和交流平台的搭建等方面提高村镇银行适应经济社会环境的能力。

本书的创新之处有以下几点。

（1）从微观、中观和宏观3个层面对河北省村镇银行发展效果进行评价

对河北省村镇银行发展的效果从微观包括金融科技应用水平和机构经营效率、中观即空间布局均衡水平和宏观即制度适应性效率3个层面进行评价，全面系统地反映村镇银行的发展状况，为村镇银行持续健康发展提供依据。

（2）以制度适应性为视角，对河北省村镇银行制度适应性进行分析

从制度需求、制度供给和执行效果3个层面对河北省村镇银行的演进过程进行动态分析，定性探索其制度适应性的高低；在此基础上，运用诺思的"适应性效率"理论和因子弹性分析法，计算河北省村镇银行发展与农村社会经济发展的协调性，定量探索其制度适应性的高低。

（3）从机构网点、人力资源和经营实力等方面研究空间布局并量化分析

从地理、区域角度出发，从机构网点、人力资源和经营实力3个方面构建空间布局均衡水平评价指标体系，研究内容突破了仅限于网点空间分布的局限，而对其空间布局均衡水平的量化分析弥补了数据的不足，丰富了金融资源空间分布的研究方法。

（4）构建村镇银行金融科技应用水平评价指标体系并进行量化分析

从基础资源、硬件设备和平台建设3个维度构建村镇银行金融科技应用水平评价指标体系，运用因子分析法，立足村镇银行这一行业领域，综合评价出河北省村镇银行的金融科技应用水平，研究范围突破了以往仅限于从宏观或个体分析的局限，研究方法突破了仅限于描述性分析的局限，弥补了数据分析的不足。

目 录

第一部分 理论基础

1 概念界定与理论基础 ·· 2
   1.1 概念界定 ··· 2
   1.2 理论基础 ··· 9

第二部分 制度演进与发展现状

2 河北省村镇银行发展制度演进 ··· 16
   2.1 河北省村镇银行发展制度演进历程 ·· 16
   2.2 河北省村镇银行制度演进中的适应性分析 ································ 39

3 河北省村镇银行发展现状 ··· 43
   3.1 河北省村镇银行发展业绩 ·· 43
   3.2 河北省村镇银行发展与其他区域比较分析 ································ 51

第三部分 效果评价

4 河北省村镇银行发展效果评价——金融科技应用水平 ···················· 60
   4.1 河北省村镇银行金融科技应用的必要性 ·································· 60
   4.2 河北省村镇银行发展的金融科技应用现状——基于54家村镇银行
       的调研 ··· 62
   4.3 河北省村镇银行发展的金融科技应用水平评价实证分析 ············· 67
   4.4 结 论 ·· 75

5 河北省村镇银行发展效果评价——机构经营效率 ·························· 78
   5.1 河北省村镇银行发展经营效率评价方法与指标体系 ··················· 78
   5.2 河北省村镇银行发展经营效率评价实证分析 ··························· 80
   5.3 结 论 ·· 90

6 河北省村镇银行发展效果评价——空间布局均衡水平 ... 91
6.1 河北省村镇银行空间布局现状 ... 91
6.2 河北省村镇银行空间布局均衡水平评价方法与指标体系 ... 99
6.3 河北省村镇银行空间布局均衡水平评价实证分析 ... 103
6.4 结论 ... 115

7 河北省村镇银行发展效果评价——制度适应性效率 ... 116
7.1 河北省村镇银行发展制度适应性效率评价方法与指标体系 ... 116
7.2 河北省村镇银行发展制度适应性效率评价实证分析 ... 120
7.3 结论 ... 130

第四部分 问题及对策建议

8 河北省村镇银行发展存在的问题分析 ... 134
8.1 机构自身层面 ... 134
8.2 金融科技应用层面 ... 135
8.3 空间布局层面 ... 139
8.4 国家制度安排层面 ... 143
8.5 经济社会环境层面 ... 144

9 完善河北省村镇银行发展的对策建议 ... 147
9.1 加强村镇银行机构自身发展 ... 147
9.2 加大村镇银行金融科技投入 ... 149
9.3 优化河北省村镇银行空间布局 ... 153
9.4 强化国家和地方政府对村镇银行的制度建设 ... 155
9.5 提高村镇银行适应经济社会环境的能力 ... 156

参考文献 ... 157
附录 A 河北省村镇银行金融科技发展调查问卷 ... 161
附录 B 河北省村镇银行支农效果调查问卷 ... 167
后记 ... 171

第一部分

理论基础

1 概念界定与理论基础

1.1 概念界定

1.1.1 村镇银行制度

"制度"一词从先秦到近代的发展过程中没有形成统一的概念。直到2008年,美国经济学家诺思在《制度、制度变迁与经济绩效》中对制度进行了较宽泛的界定,提出制度包含两层含义:从宏观上看,它是指"在一定历史条件下形成的政治、经济、文化等方面的体系";而就微观而言,它是"要求大家共同遵守的办事规程或行动准则"。从此,制度经济学即把制度作为研究对象,对制度与经济行为和经济发展之间的相互关系进行分析,认为制度的稳定性、经济社会环境的变化性和金融组织追求利益极大化三者之间在经济发展过程中存在持久的冲突,因此制度应成为对个体行为约束的标准。总之,关于制度的研究,以诺思为代表的新制度经济学将制度划分为3种类型:一是宪法秩序,二是制度安排,三是规范性行为准则。对这个界定可以通俗地理解为,制度应是由权威机构制定,并由公民共同接受且遵守的一些行为规则。

关于村镇银行制度的概念,政策上并没有给出具体的解释,相关文件中涉及的只有村镇银行的财务制度、管理制度等机构内部制度,没有与外部制度相结合给出明确的界定。学术界在研究过程中结合外部经济社会环境的变化,对村镇银行制度有了较深的理解。刘湘云等(2011)研究发现,村镇银行制度的建立虽然极大地丰富了我国金融服务体系,但矛盾和问题也日渐凸显,这些冲突导致了制度变迁。秦汉锋(2008)认为,村镇银行制度是在原有农村金融制度的变迁进入低效率的状态背景下应运而生的,体现了在改革理念、改革路径、改革目标上的创新,但要与其他的制度安排相配合才能实现制度功能与绩效的最大化。陈经伟(2015)提出,村镇银行制度是伴随着我国银行业商业化改革进程中出现的"金融真空"状态而产生的,其商业性定位就意味着其服务主体是农村金融市场,而要实现这一定位,村镇银行制度势必需要进一步改进,相关部门也需要出台切实可行的政策配套措施。陆智强（2015）认为，村镇银行建设应遵循"机构观"与"功能观"相融合的制度思路，将自身金融功能与农村金融需求相匹配，实现村镇银行在农村地区的可持续发展。柴瑞娟（2016）提出，我国村镇银行可以完成主发起行的制度替代，彻底实现民营化和专业化。

学术界从宏观层面将村镇银行作为一种制度研究其产生的根源，村镇银行的设立本身就是一种制度安排，是在我国农村金融供需缺口严重失衡的背景下由国家通过顶层设计推出的，并于2006年底批准成立村镇银行试点。自此，村镇银行作为一种制度安排，伴随经济社会环境的变化，不断内生出新的制度需求，相关部门根据制度需求通过法律、政策或文件等形式制定出新的制度，实现制度变迁，以促进村镇银行的发展。

根据学术界的研究成果，运用制度经济学的相关理论，结合国家政策的规定，把村镇银行制度界定为：政府及银行业等相关部门颁布的对村镇银行进行管理和约束的规范和规则，主要是指关于村镇银行设立或经营的法律法规或政策性文件，包括村镇银行的管理办法、准入制度、监管制度、激励约束制度等。

1.1.2 村镇银行金融科技应用

村镇银行金融科技应用概念界定的核心是金融科技。金融科技是新一代互联网信息技术和金融相结合而产生的概念。20世纪90年代，美国首次提出了"金融科技"这一词汇，由Finance（金融）和Technology（科技）的缩写Fintech（金融科技）来表示。按照国际权威机构金融稳定理事会（FSB）的定义，金融科技是指技术带来的金融创新，它能创造新的模式、业务、流程与产品，既包括前端产业也包含后台技术。中国最初是以"互联网金融"这一概念来体现金融与科技的结合，是指传统金融机构与互联网企业利用互联网技术和信息通信技术，实现资金融通、支付、投资和信息中介服务的新型金融业务模式。互联网金融被看作是金融业务科技化特定阶段的特定概念，随着金融体系融入更多元的科技因素，如智能机器人VR（虚拟现实）、生物验证技术等，"互联网金融"一词逐渐被概括性更强的"金融科技"一词所代替。《金融科技蓝皮书：中国金融科技发展报告（2017）》指出，金融科技是互联网金融的高级阶段，大数据、区块链等新兴技术给金融科技注入了新的活力。金融科技也将成为智能化、数据化、网络化、移动化的先行者，依托大数据、云计算、人工智能、物联网等先进技术，建立更加技术化、多维度、立体化的金融体系。

在学术界关于什么是金融科技，目前国内外并没有统一的定义。不同学者对金融科技的内涵做了不同的解释。有学者指出，金融科技是一系列的技术，并广泛影响着金融支付、融资、贷款、投资、金融服务以及货币运行。有学者认为，金融科技是将科学技术应用于金融行业，服务于普罗大众，降低行业成本，提高行业效率的技术。3位学者的定义均突出了技术因素，却忽略了金融科技本质是要对金融行业产生影响的事实。皮天雷等（2018）克服了这一缺陷，提出金融科技是以众多新兴科技为后端支撑，并给传统金融行业带来新的业务模式的金融创新。但皮天雷等（2018）的界定忽视了客户需求在金融科技发挥作用中的地位。

综合实务界和学术界对金融科技的定义，金融科技的内涵应从两个方面进行界定。首先，金融科技是一个动态的范畴。随着经济社会发展环境的变化，其内涵呈现出动态的变化，早期研究无论是欧美国家还是中国，都强调金融对科技进步的支持与作用，核心在于科技；现阶段金融科技刚刚起步，致力于利用金融科技满足客户需求，重点在科技服务于金融产业上，核心在于金融；但随着金融科技的发展，由金融产业客户需求的提升会催生新的科技，而科技反过来又推动金融的发展，核心在于科技与金融的融合与相互促进。其次，金融科技具有当代性。在现有经济社会发展水平下，金融科技是以新兴科技为支撑，以庞大的数据系统为基础，以客户需求端为出发点，通过提供精准有效的服务，给传统金融业带来颠覆性影响的金融创新。

村镇银行金融科技应用是指村镇银行根据自身实力、资本、人员、技术、客群等状况，将自身传统业务与金融科技相结合，借力人工智能、区块链、云计算、大数据等金融科技手段创新产品与服务、提升信贷审批效率、丰富获客渠道、提高客户黏性和满意度，进一步增强区域内的品牌影响力和社会认知度。

1.1.3 村镇银行经营效率

经济学中的效率一般泛指经济活动中的投入与产出的关系。国外对金融效率的研究，更多地被暗含于金融发展理论的框架中。金融效率的研究成果主要集中于机构运行效率层面。金融效率首先应该从两个角度进行解读，一是资金的融通；二是经济活动中的投入与产出关系。萨缪尔森等（2011）在《经济学》中提出，效率就是最大程度减少浪费，以最小的投入获得最大程度的回报。当前在定义金融机构效率时，主要采用Farall（法拉尔）提出的一种定义，即金融机构也是一个追求产出和回报的企业，效率可细分为综合技术效率、纯技术效率和规模效率，纯技术效率与规模效率由综合技术效率分解而得。影响金融机构效率的因素主要有财务指标比率、股东结构、规模和资产质量等。有学者分析了多渠道融资对银行效率产生的影响，提出银行采取合伙融资的方式效率更高。周升业（2002）将金融效率划分为金融功能效率、金融配置效率和金融管理效率。王振山等（1998）认为，金融效率是通过利用较小的成本将金融资本进行最优化的配置，以实现最优的配置效率。陈诗一等（2018）把金融效率分为3个层次，分别从资金功能、资产配置以及资产管理3个维度进行划分，并对金融效率从资产配置的角度进行了重新定义。综合上述学者的观点，金融效率是一种在金融机构中对各种资源进行的有效配置，是一项评判金融机构效率的重要标准。

学术界将村镇银行经营效率界定为村镇银行在经营活动中，投入的资本和获取的利润回报之间的关系。刘莉亚等（2014）认为，如果银行的网点机构增多能够使银行成本降低，银行的利润得到提升，那么则称为规模经济效应。申创等（2017）认为，对于金融机构尤其是银行业来说，在提供尽可能丰富的服务同时也会增加银行的经营成本，这需要银行主体开发产品时要结合自身的特点找到合适的经营范围。陈一洪（2018）利用DEA分析法（数据包络分析法）对银行效率进行了三阶段的研究，认为技术效率是在经营活动中以固定的投入和产品价格所能得到的最优产出，而影响村镇银行效率的指标包括了网点数量、员工素质、机构组织方式、利润额及存款贷款余额等，所以要根据村镇银行的实际经营情况进行调整，减少成本，以最大程度获得利润，提高资源配置效率，改进经营管理工作。

综上所述，本书将村镇银行经营效率界定为：在确保银行各项日常经营工作顺利开展和控制风险的基础上，对现有的村镇银行资源进行优化配置，最大程度地提高村镇银行竞争力及产出能力，最终实现村镇银行在经营过程中的投入与产出的有效比例。

1.1.4 村镇银行空间布局

空间布局原指生态或地理要素的空间分布与配置，最初应用于生态学和景观生态学，后被延伸应用到房屋设计、城市三维布局、产业规划等各个领域，用来描述三维空间中物件的存在格局或者产业链中各个要素间的存在形式。在实践中，2001年浙江省政府经济金融运行报告首次将空间布局引入金融领域，指出"大胆实践，通过收购，完善机构网点布局，拓展新的发展空间"，强调通过网点的增设，拓展发展空间。在学术界，杨香花（2003）首次将网点的空间布局应用到学术研究中，从地理位置角度，探讨建立金融网点选址空间决策支持系统的思路和方法，将空间布局界定为在一定社会经济条件下，为适应市场竞争环境而进行的区位选择。在此基础上，姚晓明等（2015）在中国地理学会经济地理专业委员会学术研讨会中，进一步将空间布局界定为基于地理空间位置，受集聚经济、银行自身属性、本地化社会经济条件、政策制度等因素制约而形成的网点在不同区域内的分布与配置。这一界定是目前在金融领域最具权威且得到大多数学者广泛认同的概念。此后各学者对金融机构空间布局的界定，更倾向基于空间地理位置的金融资源的分布、配置与规划。如王阔（2021）将空间布局界定为，利用有限的地域空间，从宏观视角出发，结合区域内的资源条件，合理对商业网点进行布局，以期达到最优分布的形式。

学术界都将除网点以外的宏观因素纳入金融机构空间布局的界定中，而忽略了中观和微观因素。借鉴学术界的观点，并结合村镇银行"支农支小"的特性，本书将空间布局界定为，以坐落于不同地理位置的网点为基础，在金融与市场的相互作用下形成的人力、物力、财力等资源在空间上的分布与配置，其中人力是指人力资源，物力是指机构网点，财力是指经营实力。

另外，空间布局与空间分布、空间聚集相互之间既有联系又有区别，在金融领域并没有确切的概念，因此借鉴地理学、建筑学以及园林学中的概念梳理三者之间的关系。百度百科给出的"空间分布"的定义是水生生物在水域空间的分布，引申到金融领域即指金融资源在不同地理位置的分布。空间分布与空间布局是体现与被体现的关系，分布是在不同的空间中有什么样的元素（金融资源），布局是这种分布所形成的整体系统关系，也就是不同元素的分布特点所带来的联系、影响、作用。关于集聚的概念，学术界更多是从金融产业角度提出的，王步芳（2006）认为，金融产业聚集是指金融企业和机构根据纵向专业化分工以及横向竞争与合作关系，聚集于某一特定地区而形成具有聚集经济性的产业组织；在此基础上，王守财（2010）进一步提出，金融产业聚集是金融企业及相关社会中介服务机构，在一个特定的区域内通过市场和非市场联系，形成的相互竞争、相互合作、地理上高度集中的产业群体，在区域经济发展中发挥着重要的作用。由于本书研究的是具体金融资源的特征，并不涉及产业，所以将空间聚集的概念界定为金融资源在不同地理位置的分布特征，与空间分布也是体现与被体现的关系。

综上所述，空间聚集、空间分布与空间布局三者是微观、中观和宏观的概念，是点、线、面特征的体现，聚集是点分布特征的描述，分布是点呈现的线性或非线性的规律，布局是对线组成的整体（面）协调程度的体现。因此，对村镇银行空间布局的研究从微观的聚集特征入手，分析机构网点、人力资源和经营实力在不同空间的分布，反映整体金融资源的分布特征，从而研究空间布局整体的作用、均衡状况。

1.1.5 村镇银行适应性效率

研究适应性问题首先应界定成长性的边界。成长性的概念是基于"外生"和"内生"的基本思想来研究某一组织的产生和发展。基于此，国外学者把农村金融发展是依赖市场还是依赖政府作为区别"外生"和"内生"的标准，将农村金融成长模式分为外生成长模式与内生成长模式两种。农村金融外生成长模式是基于农业信贷补贴论的主张，提出农村金融发展完全依赖政府干预，由国家专门建立非营利的金融机构提供农业发展资金，后来衍生为任何金融组织的发展由政府来主导；农村金融内生成长模式则相反，是基于农村金融市场论的主张，提出农村金融的发展完全依赖市场机制的作用，强调金融市场化的自发调控作用，认为农村金融的发展应伴随农村经济发展环境的变化自动调整。在实践中，两种模式的主张均暴露了缺陷，前者过度依赖政府行为，忽视了市场机制的激励作用；而后者过度依赖市场机制的自动调控功能，却忽视了市场失灵。为克服两种模式的缺陷，不完全竞争市场论主张在农村金融发展中政府和市场的作用缺一不可，提出在发挥市场机制作用的同时，为克服市场信息的不对称，需要政府的介入，重点排除不利于农村金融发展的障碍。不完全市场竞争论是农业信贷补贴论和农村金融市场论之间的折中，但在实践中却因难以界定政府力量和市场机制的作用边界而出现适应性问题。

适应性原本是生态学术语，是通过生物的遗传组成赋予某种生物的生存潜力，使生物体与环境表现相适合的现象。诺思在研究后期首次将"适应性"运用到经济学中，界定为由国家制定的制度规则对经济环境随时间演进的方式的适应性。随着研究的深入，"适应性"被运用到各个领域。

程宇（2013）基于制度变革的角度提出，适应性即是打破旧平衡、实现新平衡的过程。蓝寿荣（2017）在谈论金融法与市场的适应性中提到，适应性原则是金融法的首要原则，即金融法必须与所在国家的市场经济发展现实及其趋势相适应。裴宏（2016）在考证了马克思的货币及货币流通理论的基础上提出，对作为资本的货币而言，适应性表现为货币流通"被动地"适应实际生产过程的需要，这种适应性表现为产业资本运动过程中资本形态的转化过程，即随着产业资本运动要经过购买、生产和销售3个阶段，与这3个阶段相适应，产业资本依次"被动地"采取货币资本、生产资本和商品资本3种资本形态。詹继生（2008）认为农村金融的供给与需求相互适应就是农村金融的适应性，包括总量的适应性和结构的适应性。向林峰等（2012）提出了适应性农村金融组织体系，这种"适应性"既强调金融成长的自发、自主过程，又注重外部力量的推动作用。

根据学术界的研究发现，适应性是一个长期和动态的过程，经济制度要随着经济社会环境的变化进行自动地调整，使国家制订的制度供给与市场的内生需求相适应，再不断地从一个平衡到另一个平衡的过程中实现经济的长期增长。基于此，本书所指的适应性是指，河北省村镇银行制度随着农村经济社会环境的变化进行自动调整的过程，从而与外部环境更加相互协调，达到一个又一个平衡状态，实现河北省农民收入和小微企业盈利乃至农村经济的长期增长。

"适应性效率"一词是诺思在其研究后期提出的一个重要概念，提出"适应性效率"是指某些社会面对冲击应具有进行灵活调整的能力，以及改进制度以有效处理变化了的现实的能力。诺思将"适应性效率"归结于制度规则标准，而这样的标准是由国家制定的，强调国家的宏观制度适应经济社会变化的能力，即"适应性效率"的高低取决于国家所制定的制度规则。

学术界对金融制度适应性效率进行研究最早的是沈军（2007），他提出宏观金融效率即为金融适应效率，是质与量的统一，也是静态效率与动态效率的统一。刘灿等（2007）、程宇（2013）认为，金融制度的适应性效率是指一个国家的金融制度性因素在一定时间段内，随着经济社会的变迁，对环境和经济社会条件的适应程度。张富田（2012）从权利分配给个人、市场和政府三方面为出发点对适应性效率概念做出了进一步的阐释。程宇（2013）提出，"适应性效率"是考察长期经济绩效时的分析价值观和重要研究视角，认为金融制度的功能就是适应性效率。李志刚（2017）认为，制度的适应性是指社会经济环境与制度安排之间的相互适应关系。

结合诺思的解释和学术界的研究成果发现，具有适应性效率的制度应当能使其规范对象的发展与外界环境的发展相适应，因此可以通过考察制度规范的对象与外界环境的发展是否同步即两者的契合度，来检查制度是否具备适应性效率。本书中，制度规范的对象是指河北省村镇银行，外界环境是指河北省农村经济社会环境，因此村镇银行制度的适应性效率即指河北省村镇银行的发展与河北省农村经济社会环境发展的同步或契合程度,如果同步或契合程度高,说明村镇银行制度具备了适应性效率。

1.2 理论基础

1.2.1 农村金融发展理论

农村金融发展理论是金融发展体系的重要分支,不仅受到金融发展理论和政策主张的影响,而且带有自身的发展特殊性。在发展中国家的不同时期,农村金融发展理论形成了3种流派:农业信贷补贴理论、农村金融市场理论和不完全竞争市场论。这3个理论分别是"金融抑制论""金融深化论"和"金融约束论"在农村金融领域的具体表现形式和政策主张。

(1) 农业信贷补贴理论

20世纪80年代以前,农业信贷补贴理论在农村金融发展理论中占据主导地位,该理论提出,农村居民和贫困阶层资金缺乏,没有储蓄能力,因此农村地区面临资金不足的问题。同时由于农业的弱质性、农业收入不确定性和农业投资的长期性,逐利性的商业银行不会对农业进行融资支持。此外,由于高利贷等非正规金融活动的存在,加剧了农户的贫困。因此,为了解决农村地区资金不足的问题,抑制民间金融高利率的发展,降低农户贫困的程度,促进农业的发展,必须从农村外部设立非营利性的专门金融机构进行资金配给,为农村地区注入大量低利率的政策性资金。

但是,政府的农业信贷补贴并没有解决农村的金融需求问题,其直接的制度原因是农村的金融抑制。爱德华·肖(1988)在《经济发展中的金融深化》一书中提出,补贴信贷在金融供需严重失衡的情况下实际上演绎成了政府主导下的非价格信贷配给,出现大量的寻租活动使大量的金融资源被利益相关者占据,而真正需要补贴的穷人被排除在外;政府为维持低利率的法令极大地挫伤了商业性金融机构在农村开展金融服务的积极性,压抑了金融体系的发展。

(2) 农村金融市场理论

20世纪80年代以来,在对农业信贷补贴理论进行批判的基础上产生了农村金融市场理论。该理论的前提与农业信贷补贴理论完全相反,强调市场机制的作用,否认政府在农村金融市场的作用。爱德华·肖(1988)认为,政府取消对金融活动的过多干预，采取更加灵活的浮动利率并降低准入标准来吸引民间资本的进入，让金融机构按照市场原则进行金融资源的分配，其目的是促进金融深化，实现金融市场化。农村金融市场理论认为，农村居民和贫困阶层有储蓄能力，政府强制性的低利率政策增加了贷款的可得性，但是损害了农户存款的利益，阻碍了农村金融的发展，同时也会导致农村地区对外部资金援助过度依赖。农村金融市场理论强调利率自由化的发展，利率自由化政策一方面使得农村金融机构能够获得一定利润，从而消化自身经营成本，不用依赖政府的利息补贴；另一方面调动农村金融机构动员农村储蓄的积极性，减少对外部资金的过度依赖，更加积极管理信贷资金，提高资金的使用效率。

但是，20世纪90年代以来，苏联的休克疗法和东南亚国家地区金融危机，揭示了市场机制并不是万能的，农村金融市场并不是一个完全竞争的市场，在借款人与贷款人之间存在信息不对称的问题。在一个信息不完全的情况下，完全依靠市场机制不可能培育出一个社会所需的金融市场。

(3) 不完全竞争市场理论

为了补救市场的缺陷，降低农村金融风险，建立稳定和高效的农村金融市场，必须进行合理的政府干预，因此斯蒂格利茨的"不完全竞争市场论"逐渐成为适应发展中国家农村金融领域的代表性理论。不完全竞争市场理论是选择性政府干预论，该理论认为，发展中国家应该在保证物价稳定的前提下，实行比金融自由化形成的均衡利率低的利率机制，在金融约束模型中需要包括政府、企业、居民和金融部门4个要素，政府干预作为市场机制的有益补充，通过市场监管适当介入农村金融市场，弥补市场失灵，创造条件解决信息不对称的问题，促进资金配置效率的提高。

对于不完全竞争市场理论中政府的作用，亚洲发展银行提出了"三叉理论"，认为政府应在以下几方面发挥作用：一是政府应该创造一个有利的宏观经济和制度环境；二是政府应该侧重农村金融基础设施建设；三是政府应该对农村金融机构的新建成本、能力建设、科研开发等费用提供智能补贴。

不完全竞争市场理论是目前农村金融理论的主流思想，成为指导农村金融发展的基础理论，对实现农村金融资源的优化配置具有较强的指导作用，但其作用的有效发挥需要政府不断提高政策的适应性和有效性，根据经济社会环境的变化和农村金融的需求不断进行调整，实现政府政策的适应性演进。

1.2.2 制度变迁理论

(1) 产权理论

诺思将科斯等人创立的产权理论与制度变迁理论相结合，认为产权理论对降低交易费用和经济组织形式的替换有较好的解释作用。根据产权理论，世界上充满着竞争，资源也较为稀缺，在诸多不确定因素的影响下，成本最小的产权形式是能够有效解决问题的途径。由于存在竞争，无效率的经济组织形式将被淘汰，取而代之的是有效率的经济组织形式，因此，人们一直在为降低交易费用而努力。而有效率的产权是具有竞争性或排他性的，为了降低产生机会主义行为的可能性，减少未来的不确定因素，有必要明确界定产权，否则会导致交易或契约安排的减少。

(2) 国家理论

在诺思看来，关于制度变迁的国家理论既要解释造成无效率产权的政治或经济组织的内在的活动倾向，又要说明历史上国家本身的不稳定性。为此，他把国家理论称为"界定实施产权的国家理论"。国家的性质归纳起来主要有两种：掠夺论和契约论。这两种理论虽然在历史和现实中都能找到相关证据，证明其有一定的合理性，但却都不能涵盖国家所有的形式，因此也是不全面的。从理论推演的角度看，国家带有双重性，将两种性质结合起来。因而诺思倡导有关国家的"暴力潜能"分配论，他认为，在"暴力"方面，国家是一个有比较优势的组织，如果能在公民之间平等分配"暴力潜能"，国家就具有契约性，反之就具有掠夺性。

1.2.3 金融资源理论

"金融资源"这一概念最早是西方学者戈德·史密斯在《资本形成与经济增长》一书中提及，但是他并未重视这一概念的理论含义，也未引起西方经济学界的重视，中国金融学者在20世纪90年代后期在讲演或文章中也使用过"金融资源"一词，但都不是正面的和系统的，且其含义常仅指"信贷资源"，或是一种泛指的模糊概念。在80年代后期和90年代初期日本经济泡沫的形成与破灭，以及90年代中期经济全球化、经济金融化和金融全球化日益深入、知识经济初露端倪，使传统金融发生了历史性变迁的形势下，中国学者白钦先在对可持续发展问题和传统资源观所作研究的基础上，于1998年的一次国际会议上将"金融资源"作为金融学理论的一个基础性概念提出，确认金融的资源属性，提出"金融是一种资源，是社会资源，是战略性稀缺资源"的理论。白钦先认为金融资源包括3个层次：以货币和货币资金为主的基础性核心金融资源,以金融组织与金融工具及其运行法规、金融人才与金融意识等为主的实体性中间金融资源,以国家掌握的具有垄断性、独立性的金融制度、金融政策等为主的整体功能性高层金融资源。金融资源论是以资源配置问题为核心的理论,它是金融可持续发展理论的基础。

1.2.4 空间经济学理论

空间经济学理论是美国经济学者沃尔特·艾萨德提出的经济学概念,但其最初发展始于18世纪末至19世纪初。早期冯·屠能提出了农业区位论,认为农业布局中与距离有关的地租、运费是最重要的决定因素,这一概念将一直以来被主流经济学忽视的空间因素引入一般均衡的方法研究中来。19世纪末到20世纪产生的空间经济学理论,包括工业区位理论、中心地理理论、区位经济学理论和生产布局理论,都从空间相互作用的角度研究经济现象和经济活动,剖析实际中存在的不同范围、不同模式生产的空间聚集机理,并通过这种机理的剖析来研究区域经济发展的规律和范式。空间经济学的产生是经济学和地理学的相互结合与碰撞。地理学强调空间位置的特征,注重空间的异质性,即使在研究经济现象中将时间因素考虑在内,也会把空间和区域设为随时间变化的规律。经济学则强调时间序列,将不同的区域当作一个同质性的空间整体,注重不同要素在时间序列中的作用和调整。经济学的聚集和分散、主导产业选择、经济增长的不平衡,以及需求与供给的量化分析,与地理学的空间布局、梯度推移、城乡差异、区域异质等空间叙述共同作用与摩擦,促成了基于时间、空间特征的空间经济学的产生。空间经济学理论研究经历了初级阶段、发展阶段和提高阶段三个阶段,分别以区位论—空间结构理论—新经济地理学理论为基础,研究视角也从微观角度扩展到了中观及宏观角度。

1.2.5 适应性效率理论

"适应性效率"是诺思为探究长期经济增长的绩效提出的重要概念,不仅在他本人的研究中占有重要地位,而且在整个新制度经济学的发展中有着深远的影响。诺思十分关注长期经济增长的绩效,他在分析制定促进经济发展政策时,发现新古典理论存在诸多不足。新古典理论注重市场的运行而不是市场的发展,忽视了制度因素尤其是体现在制度中的激励结构,而激励结构是决定社会投资程度的重要因素。诺思认为,制度框架所建立的激励结构在规范组织技能与知识的形式中起着决定性作用。组织对技能和知识的系统投资以及它们在一个经济中的应用表明,拥有一系列特定制度的特征是经济的动态演进一定体现的，而这些特征与配置效率又不同，诺思提出经济长期增长的关键不是资源配置效率，而是适应性效率。诺思用这一概念来反映与时间进程中的经济变化相适应的制度变迁效率，所谓"适应性效率考虑的是确定一个经济随时间演进的方式的各种规则。它还要研究一个社会去获取知识、去学习、去诱发创新、去承担风险及所有创造力的活动，以及去解决社会在不同时间的瓶颈的意愿"。

在金融领域，与适应性效率相关的是金融可持续发展理论，它是中国学者白钦先教授在1997年东南亚金融危机的背景下提出来的。金融可持续发展理论是以金融资源理论为基础的，而关于金融资源的核心问题是配置效率，以金融资源论为基础的金融可持续发展理论在范式转换这一最高层面上，提出了全新的金融效率观。金融可持续发展理论是对已有的金融发展理论的突破，它把可持续发展的哲学理念引入金融学研究；突出了金融资源论的时代背景、理论依据以及与金融可持续发展理论的逻辑关系，并且认为金融发展不仅要注重一个国家或地区在某一时点上的资源配置效率，而且更要注重在一个相对较长时期内的金融与经济、社会等各方面的动态协调发展；揭示了金融的资源属性，认为金融是一个国家的稀缺资源，金融资源的配置过程是金融量增长和金融质提高的统一体，因此，既要注重金融规模的扩张，也要注重金融效率的提高和金融结构的优化；另外金融具有资源的一般属性，即稀缺性、不可滥用性，否则，会导致金融创新过度和金融危机的频发，进而威胁一个国家的金融安全和社会稳定。

第二部分

制度演进与发展现状

2 河北省村镇银行发展制度演进

2.1 河北省村镇银行发展制度演进历程

2.1.1 全国村镇银行试点阶段（2006—2007年）

（1）制度需求背景

随着我国农村正规金融机构农业银行的撤并和放贷审批权的上收、农业发展银行业务范围的大缩水、农村信用社整体经营业绩的下降和资金投入城市化倾向的日益突出，以及邮政储蓄资金的大量外流，我国现有农村地区普遍存在着金融机构网点覆盖率低、金融供给不足、竞争不充分、金融服务缺位等"金融抑制"问题。农村资金大量外流一直难阻，使农村经济一直处于失血状态。据有关部门统计，2007年初，我国每50多个行政村仅有1个金融网点；县域农村金融机构种类少，平均每万人只拥有1.26个；仍有2 868个乡镇没有银行业机构网点，只有1家金融机构的县（市）有2个、乡镇有8 901个，其中，西部地区情况尤为严重，共有2 645个"零金融机构乡镇"，金融服务存在空白。用一句话来形容中国农村金融问题的根本症结是：银行"安全""营利"的目标与农业的低利润率、分散农户的高交易成本矛盾不可调和，最终造成了当今的农村金融供给短缺。

我国社会主义新农村建设需要巨大的资金投入，据有关部门初步测算，到2020年，新农村建设需要新增资金15万亿~20万亿元。我国农村金融需求呈现3个特点：一是小规模、分散化；二是多样性、复杂性；三是方便性、及时性。奉行"需求跟进"的原则，20世纪90年代开始，非正规金融机构如民间金融在我国一些地方快速发展，异常活跃。根据最新的统计报告，中国农村地区通过非正规金融途径完成的借贷总量是正规金融的4倍。从表面上看，非正规金融机构似乎能够很好地解决我国农村金融供给不足的问题。但是非正规金融机构由于无法被有效地监管，因此存在很大的风险：农村地下金融没有法律保障，成为众多法律纠纷的根源；非正规金融大部分都是在社会小团体的基础上建立的，其信用极其有限，资金规模往往较小，抵御市场风险的能力较差；非正规金融一般组织结构松散、管理方式落后。因此，非正规金融机构不能成为解决农村金融供给不足的有效途径，必定要被正规金融机构所代替。

但问题是农村迫切需要的是何种定位的正规金融组织形式呢？中国是否能有类似于孟加拉国的"穷人银行"呢？

(2) 制度供给

基于农村地区的内生金融需求，2006年12月，中国银监会（现为中国银保监会，下同）出台的《关于调整放宽农村地区银行业金融机构准入政策 更好支持社会主义新农村建设的若干意见》（以下简称《意见》），提出要放宽农村金融机构准入政策，允许产业资本和民间资本到农村和边远地区，新设一些主要为当地农户提供金融服务的村镇银行等金融机构。这是村镇银行首次被提出。按照农村地区银行业金融机构"先试点，后推开"的原则，村镇银行首批试点选择湖北省、四川省、青海省、云南省、内蒙古自治区、吉林省六省（区）的农村地区开展。为了做好试点工作，进一步明确村镇银行组建程序和申请材料要求，规范村镇银行行为，2007年1月，中国银监会制定了《村镇银行组建审批工作指引》和《村镇银行管理暂行规定》，以保障村镇银行持续稳健发展。河北省积极贯彻落实国家政策，3月29日印发了《河北省社会主义新农村建设暨农村经济发展"十一五"规划纲要》，提出要切实落实村镇银行等新型农村金融机构准入制度、运营制度和监管制度，鼓励和支持村镇银行等新型农村金融机构的建立和发展。

(3) 制度执行效果

农村地区银行业金融机构准入政策颁布后，试点工作顺利展开。2007年5月，6个试点省（区）已有9家村镇银行正式对外营业，有多家银行业金融机构提出了组建村镇银行的申请。2007年10月，银监会宣布扩大试点范围，将试点省份从6个省（区）扩大到全国31个省（市、区）。随着试点范围的继续扩大，村镇银行在各地应运而生，数量规模迅速扩大，截至2007年12月底，全国已组建村镇银行总行18家。总体来看，在村镇银行成立的地区，一定程度上填补了农村金融体系的空缺，以实际行动为当地的农业、农村和农民提供信贷金融服务。

2.1.2 河北省村镇银行形成阶段（2008—2012年）

(1) 河北省村镇银行的开端——张北信达村镇银行成立（2008—2009年）

• 制度需求背景

河北省2008年1月的政府工作报告提到，2007年河北省在各方面的发展取得了较好的成绩，但也存在一些矛盾和问题。经济结构不合理，经济发展水平与群众的期望不相适应，城乡居民收入总体水平偏低，部分群众生活比较困难，侵害群众利益的事情还时有发生。为此，2008年的"三农"工作继续成为重中之重，要全面深化农村改革，促进农民持续增收。但河北省农村地区同样存在"金融抑制"问题，大量资金外流，农村经济整体处于失血状态。据有关部门统计，2007年12月底，河北省县以下银行业金融机构贷存比56.30%，全国为60.02%，比全国低12.72%；县以下银行业金融机构贷款年均增长率9.72%，全国为15.66%，相差5.94个百分点（杨思思 等，2009）。河北省农村地区的资金投入量远远低于全国平均水平，对作为农业大省的河北省来说，并不能满足农村经济发展对资金的需求。

- 制度供给

为了解决河北省农村资金需求不足的问题，河北省委、省政府在积极落实国家在2006—2008年对村镇银行的相关政策的基础上，结合农村经济发展状况，于2008年5月发布了《关于做好农业农村工作的意见》，在第二十二条中提出"加快农村金融体制改革与创新"，指出要积极开展组建村镇银行试点工作，进一步为河北省设立村镇银行指明了方向。

- 制度执行效果

2008年6月26日，经过河北省、市银监局批准，河北省第一家村镇银行——张北信达村镇银行股份有限公司在张家口市张北县正式开业。该行注册资本1 000万元，主发起行为张家口市商业银行，出资400万元，占总股本的40%；6家企业法人出资400万元，占总股本的40%；16名自然人出资200万元，占总股本的20%。经过2个月的建设，截至2008年8月底，张北信达村镇银行的运行基本实现了既定目标，"试水"初见成效，各项存款余额已达到1 362万元，其中，企业存款295万元，储蓄存款1 067万元；累计发放各类贷款668万元，单户最高金额50万元，其中农业类公司贷款445万元，占贷款余额的66.6%；农户贷款83万元，占贷款余额的12.4%。办理结算金额2亿多元，村镇银行的运行较为安全、平稳。张北信达村镇银行的成立，一定程度上推动了当地"三农"和小微企业的发展。根据2007年5月银监会发布的《关于加强村镇银行监管的意见》，要求村镇银行牢固树立服务县域、服务"三农"的宗旨，禁止村镇银行跨县（市）发放贷款和吸收存款。因此通过比较张北县国民经济在设立村镇银行前后的发展变化，来分析该阶段村镇银行制度的适应性效率。表2-1为张北信达村镇银行设立前后2005—2009年张北县部分国民经济指标。

表 2-1　2005—2009 年张北县部分国民经济指标

项目	年份				
	2005	2006	2007	2008	2009
全县 GDP（万元）	201 419	259 201	314 822	370 687	408 000
人均 GDP（元）	7 145	9 124	11 086	13 053	14 367
民营经济占生产总值比例（％）	—	52.7	56.8	63.5	—
农民人均纯收入（元）	1 949	2 573	2 678	2 785	2 952
农业总产值（万元）	162 315	184 873	191 936	237 612	358 612
农业产业化经营总量（万元）	—	216 423	261 223	292 570	351 084
农村固定资产投资（万元）	10 046	11 416	20 549	27 533	33 000
金融机构存款余额（万元）	174 423	210 951	240 110	313 424	389 207
金融机构贷款余额（万元）	167 302	216 824	247 626	272 097	362 369

数据来源：张北县人民政府网。

由表 2-1 可以看出，2005—2009 年，张北县各项国民经济指标均呈递增的状态，尤其在"三农"方面，2009 年各项指标均呈较大幅度的增长。农民人均纯收入、农业总产值和农业产业化经营总量 3 项指标 2009 年的增长率均高于 2008 年，分别从 4%、23.8% 和 12% 提高到 6%、50.92% 和 20%，各项指标增长率均提高了 50%、113.95% 和 66.67%。这些经济指标的大幅度提高说明张北信达村镇银行的设立适应张北县经济社会发展的需要，一定程度上缓解了资金不足，促进了张北县"三农"经济的快速发展。

（2）新型农村金融机构 3 年总体工作安排初见成效（2009—2011 年）

• 制度需求背景

张北信达村镇银行的设立一定程度上满足了当地"三农"资金的需求，但村镇银行初始制度安排的特殊性，从 3 个方面阻碍了村镇银行的发展：一是定位"支农支小"的特殊性，使村镇银行在服务中面临政策性和盈利性双重目标的矛盾，严重影响了其经营的积极性，需要国家制定相应的激励机制；二是不允许跨区经营的特殊性，使河北省除张北县的其他地区依然存在"金融抑制"问题，国家和地方政府通过制定和落实财政资金补贴和税费减免等政策来助力农村经济的发展,但远远不能弥补"三农"和小微企业发展的资金缺口,急需制定和落实促进村镇银行发展的新的制度安排;三是最大股东或唯一股东必须是银行业金融机构的特殊性,使村镇银行自身的规模相对较小,资本实力较弱,贷款相应较少,对"三农"的服务力度不足,需要根据经济环境的变化创新村镇银行制度。

● 制度供给

2009—2010年,国家为进一步规范村镇银行制度,以便更好地为"三农"提供金融服务,从不同层面出台了一系列政策。2009年7月,银监会出台《新型农村金融机构2009年—2011年总体工作安排》,对村镇银行准入挂钩措施提出要求:"在东部地区(全国百强县、国定贫困县和大中城市市辖区除外)规划地点发起设立村镇银行的,原则上与国定贫困县实行2:1挂钩,或与中西部地区实行1:1挂钩,主发起人在这些地区没有分支机构的可以设立分支机构。"为了如期完成三年总体工作安排,加快培育新型农村金融机构,以实现农村金融服务全覆盖的目标,2010年4月,银监会发布了《关于加快发展新型农村金融机构有关事宜的通知》,相比2007年的村镇银行管理规定,该通知根据村镇银行发展的实际情况对村镇银行股东、贷款额度等有关政策做了相应的调整,提出要加大推动大中型商业银行参与力度,支持鼓励中小银行业金融机构发起设立新型农村金融机构,探索新型农村金融机构管理模式。

为了更好地贯彻落实国家政策,2010年12月31日,河北省财政厅印发了《河北省县域金融机构涉农贷款增量奖励实施细则》,提出对符合条件的村镇银行等新型农村金融机构给予奖励,具体对县域金融机构当年涉农贷款平均余额同比增长超过15%的部分,按2%的比例给予奖励,中央和地方财政按5:5的比例分担。对年末不良贷款率高于3%且同比上升的县域金融机构,不予奖励。这一细则的出台,进一步为村镇银行的发展提供了动力。

● 制度执行效果

为了更快更好地解决农村经济发展中面临的资金问题,河北省积极落实国家相关政策,不断提高农村地区的金融覆盖率,促进村镇银行在全省范围内依制度规定开展和设立。从2010年6月开始到年底,仅仅半年的时间,河北省批准成立了6家村镇银行。河北省政府借此发展势头,继续加大村镇银行的设立工作,2011年又新增加了14家。截至2011年12月底,河北省11个地级市中有9个市已经设立了村镇银行。表2-2是2008—2011年河北省21家村镇银行基本信息。

表 2-2 2008—2011 年河北省 21 家村镇银行基本信息

村镇银行	主发起行	注册资金（万元）	主发起行持股比例（%）	机构所在地市	批准成立日期	机构所在乡镇
张北信达村镇银行	张家口市商业银行	1 000	40.00	张家口市	2008-06-18	镇
清河金农村镇银行	邢台市商业银行	2 000	51.00	邢台市	2010-06-24	县
香河益民村镇银行	廊坊银行	6 000	51.00	廊坊市	2010-07-07	镇
河北丰宁建信村镇银行	中国建设银行	3 000	45.90	承德市	2010-07-08	镇
蔚县银泰村镇银行	张家口市商业银行	2 400	54.66	张家口市	2010-09-19	镇
平山西柏坡冀银村镇银行	河北银行	5 000	59.00	石家庄市	2010-12-20	镇
滦平盛阳村镇银行	廊坊银行	5 000	51.00	承德市	2010-12-28	县
围场满族蒙古族自治县华商村镇银行	承德银行	6 200	46.04	承德市	2011-02-24	镇
迁安襄隆村镇银行	邢台银行	10 000	51.00	唐山市	2011-03-28	市
唐县汇泽村镇银行	鄂尔多斯银行	5 000	30.00	保定市	2011-06-02	县
三河蒙银村镇银行	内蒙古银行	8 000	33.00	廊坊市	2011-07-12	镇
元氏信融村镇银行	衡水市商业银行	4 000	22.00	石家庄市	2011-09-21	镇
武安村镇银行	邯郸银行	5 000	42.00	邯郸市	2011-10-21	市
沙河襄通村镇银行	邢台银行	5 000	51.00	邢台市	2011-11-04	市
宁晋民生村镇银行	中国民生银行	4 000	51.00	邢台市	2011-11-14	县
廊坊市安次区惠民村镇银行	吉林九台农村商业银行	10 000	51.00	廊坊市	2011-11-25	市
唐山市开平汇金村镇银行	张家口市商业银行	10 000	51.00	唐山市	2011-12-05	市

(续表)

村镇银行	主发起行	注册资金（万元）	主发起行持股比例（%）	机构所在地市	批准成立日期	机构所在乡镇
文安县惠民村镇银行	吉林九台农村商业银行	3 000	51.00	廊坊市	2011-12-16	县
永清吉银村镇银行	吉林银行	5 000	35.00	廊坊市	2011-12-21	县
任丘泰寿村镇银行	寿光农商行	10 000	51.00	沧州市	2011-12-22	市
沧县吉银村镇银行	吉林银行	5 000	51.00	沧州市	2011-12-22	市

数据来源：根据银监会金融许可证网站整理。

注：表中村镇银行除了河北丰宁建信村镇银行、平山西柏坡冀银村镇银行和唐县汇泽村镇银行为有限责任公司外，其余均为股份有限公司。

由表2-2可以看出，在新的制度安排下，河北省根据各地经济社会发展情况，在不断丰富主发起行类型的基础上，积极发起设立村镇银行，除去秦皇岛市和衡水市，其他9个市分别在市、县、镇等不同区域开设了村镇银行。在这21家村镇银行中，廊坊市成立的最多，2年内设立了5家总行，市、县、镇地区都有设立，最少的为保定和邯郸，只成立了1家村镇银行。村镇银行主发起行类型也逐渐多样化，有1家国有银行、4家城市商业银行、11家城市银行、3家农村商业银行、1家股份制商业银行，虽然没有资产管理公司发起设立，但也落实了《关于加快发展新型农村金融机构有关事宜的通知》中"要加大推动大中型商业银行参与力度，支持鼓励中小银行业金融机构发起设立新型农村金融机构"的政策。村镇银行注册资本也有了提升，在新成立的20家村镇银行中，有4家注册资本达到了1亿元、10家不低于5 000万元、6家不高于4 000万元，最少的为清河金农村镇银行股份有限公司，注册资金2 000万元，相比2008年张北信达村镇银行的注册资本1 000万元，20家村镇银行的注册资本规模不断扩大。

(3) 民间资本发起设立村镇银行 (2011—2012年)

• 制度需求背景

村镇银行主发起行类型增多了，但持股比例过高也尤为明显。根据2007年银监会颁布的《村镇银行管理暂行规定》，符合条件的各类资本均可成为村镇银行的股东，但对各类资本的投资比例进行了严格的限制，该规定中"主发起行制度"被明确要求实施。虽然在2010年出台的《关于加快新型农村金融机构有关事宜的通知》中提到允许资产管理公司发起设立村镇银行，由于河北省村镇银行发展刚刚起步，政府还是鼓励村镇银行的主发起行为各大中小型银行，因此主发起行多为各类型的商业银行，但多数主发起行持股比例过高，达到了绝对控股地位。图2-1为截至2011年12月底河北省村镇银行主发起行持股比例（X）。

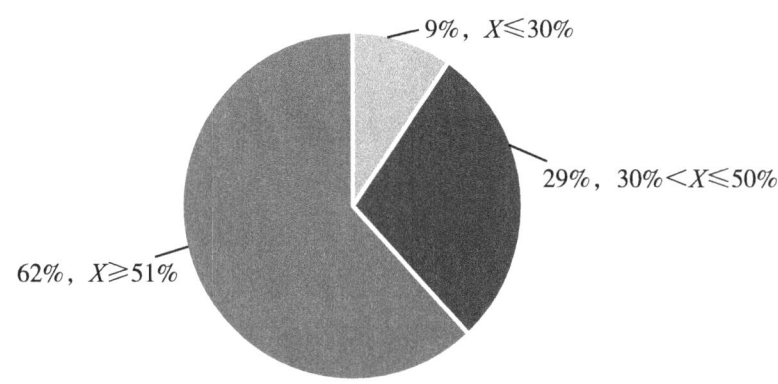

图 2-1　截至 2011 年底河北省村镇银行主发起行持股比例（X）

由表2-2和图2-1可知，21家村镇银行主发起行的持股比例最高的为59.00%，最低的为22.00%。持股比例大于等于51%的有13家，占62%；在（30，50］的有6家，占29%；持股比例小于等于30%的只有两家，占9%。由此可以得出，村镇银行主发起行有绝对控股权，持股比例在30%以上的有19家，超过半数以上的村镇银行主发起持股比例超过了51%，绝对控股现象严重。村镇银行作为在农村地区设立同时主要为当地"三农"发展提供金融服务的银行业金融机构，其承担着独立经营和"支农支小"的双重目标，但主发起行控股的现象导致了实践中村镇银行的定位发生了偏离，因此"主发起行制度"受到了广泛的质疑，急需新的制度安排。

- 制度供给

为了降低主发起行持股比例，放宽民间资本入股，早在2010年5月《国务院关于鼓励和引导民间投资健康发展的若干意见》中提到，"鼓励民间资本发起或参与设立村镇银行金融机构，放宽村镇银行或社区银行中法人银行最低出资比例的限制。"2011年8月，河北省落实国家政策，出台了《关于进一步鼓励和引导民间投资健康发展的实施意见》，提出"支持民间资本以入股方式参与商业银行的增资扩股,参与农村信用社改制,发起或参与设立村镇银行等金融机构。根据国家有关规定和要求,放宽村镇银行最低出资比例限制"。但是从 2010 年和 2011 年成立的村镇银行来看,62%的村镇银行主发起行持股比例为 51%,这极大地打击了民间资本的投资意愿,两个政策的提出发挥的作用并不大。为鼓励和引导民间资本进入银行业,2012 年 5 月,中国银监会出台了《关于鼓励和引导民间资本进入银行业的实施意见》,强调发挥民营企业的作用,调整村镇银行主发起行的最低持股比例,民间资本入股村镇银行的比例进一步放宽。

- 制度执行效果

《关于鼓励和引导民间资本进入银行业的实施意见》出台后,村镇银行的独立地位和业务经营能力也有所提高,但这些变化在河北省还没有体现出来。自 2012 年起,河北省开始设立分支机构,新增加了 4 家村镇银行,其中 2 家总行,2 家分行。2 家总行分别为在沧州市设立的河间融惠村镇银行有限责任公司,主发起行持股比例为 100%;在张家口市设立的康保银丰村镇银行股份有限公司,主发起行持股比例为 51%。很明显新成立的这 2 家村镇银行还是主发起行控股,还没有引入民间资本。村镇银行发展需要民间资本的加入,但由于主发起行控股导致的一股独大现象使民间资本投资意愿减弱,相关制度安排也并没有缓解这个问题。在河北省之后几年的村镇银行发展中,"主发起行制度"依然存在,主发起行的绝对控股问题是一个需要长期关注的问题。

2.1.3 河北省村镇银行成长阶段(2012—2015 年)

(1) 财政资金支持力度加大,发起行所在地政策放宽(2012—2013 年)

- 制度需求背景

截至 2012 年 12 月底,河北省设立村镇银行的数量只有 25 家,覆盖面很小,且贷款额度较少,究其原因主要有两个:一是已成立的村镇银行在农村信用风险体系不完善的情况下存在着在"支农支小"目标的"惜贷"现象;二是省内符合发起设立村镇银行的银行业金融机构较少,省外的金融机构想到河北省发起或组建村镇银行,但缺少相应的激励政策支持。即使银监会颁布的文件中明确指出鼓励和引导民间资本进入银行业,但盈利性目标和村镇银行服务对象的高风险性之间的矛盾,使大型国有商业银行对组建村镇银行积极性仍然不高,民间资本也就没有机会入股。村镇银行的设立是为了解决农村地区银行业金融机构网点覆盖率低、金融供给不足等问题,但实践中却存在着相背离的现实,表现在两个方面:一是在经济发展良好的地区，因经营和市场风险相对较低，银行业金融机构为落实国家政策，设立了一定数量的村镇银行，但村镇银行发挥的应有作用不大；二是在经济不发达的地区，高风险性导致村镇银行设立的较少甚至没有网点，村镇银行根本不发挥作用。"惜贷"现象和相背离的现实导致村镇银行的定位发生偏离，资金缺乏依然是困扰农村地区建设的重要难题，急需政府及相关部门加快制定新的制度安排。

- 制度供给

为了加快河北省村镇银行的建设，解决"惜贷"和区域发展相背离的问题，河北省在财政资金支持和新型农村金融机构发起行条件等方面出台了相应的政策。2012年10月，河北省人民政府办公厅关于印发《河北省进一步支持小型微型企业和民营经济健康发展重点工作责任分工方案》，要求将村镇银行等金融机构对小微企业的贷款纳入风险补偿范围，提高小型金融机构"支农支小"的积极性；鼓励支持省内外银行到河北省发起组建村镇银行等新型农村金融机构，针对性地放宽主发起行的地区范围；符合条件的小额贷款公司可根据有关规定改制为村镇银行，探索不同途径增加村镇银行数量。

- 制度执行效果

伴随政策的落实，河北省村镇银行呈现出快速增长势头。仅2013年一年时间，河北省即新成立了35家村镇银行，其中总行21家，分支机构14家，是近几年成立最多的一年。21家总行的主发起行全部为外省的金融机构，多为农村商业银行，有2家为农村合作银行，甚至还有外资银行也开始在河北省布局村镇银行网络。2013年4月，河北省第一家以外资银行投资设立的村镇银行——澳洲联邦银行（辛集）村镇银行有限责任公司在石家庄市辛集成立，主发起行为澳洲联邦银行，同年5月，澳洲联邦银行又分别在邯郸永年和磁县设立了村镇银行。衡水市在2013年年末，也开业了第一家村镇银行——安平惠民村镇银行股份有限公司。自此除了秦皇岛市外，河北省10个市都设立了村镇银行，区域发展逐渐走向平衡，这是河北省各地市积极落实政策的结果，充分体现了村镇银行制度的适应性。虽然河北省村镇银行的覆盖面扩大了，但是在农村地区的机构却较少，农村地区的金融服务得不到满足。

(2) 村镇银行规范化发展，覆盖面扩大（2013—2015年）

- 制度需求背景

虽然河北省村镇银行机构数量在不断增加，但村镇银行机构分布不均匀的劣势逐步显现，河北省村镇银行暂时还没有足够的能力下沉到农村地区。表2-3为截至

2013年12月底河北省村镇银行机构分布。

表2-3 截至2013年底河北省村镇银行机构分布

机构所在地	年份						总计
	2008	2009	2010	2011	2012	2013	
村	0	0	0	0	0	1	1
镇	1	0	4	3	2	12	22
县	0	0	2	4	0	11	17
市	0	0	0	7	2	11	20
总计	1	0	6	14	4	35	60

数据来源：根据银监会金融许可证网站整理。

由表2-3可以看出，2008—2013年，河北省共设立包括总行和分支机构在内的村镇银行60家，每年设立数量增长幅度波动较大，2013年设立最多为35家，2009年则没有成立，这与有无相应的制度安排有很大关系。在这60家机构中，分布在市区的有20家，占总数的1/3，有17家网点分布在县域，22家网点设立在镇上，没有在乡设立的网点，只有1家分支机构在村里营业。一方面，大多数村镇银行设立在市、县、镇行政区域，说明河北省村镇银行积极落实国家提出"村镇银行要实现县（市）域全覆盖"中的"覆盖"要求；另一方面在村里只成立1家营业网点，说明没有很好地落实"全"的要求。因此，河北省应在进一步落实国家政策的基础上，不断深化农村金融改革创新，出台新的制度安排，提高村镇银行在农村的覆盖面。

- 制度供给

村镇银行是以"立足县域、服务社区、支农支小"为市场定位的，在此基础上要积极向下延伸分支机构。早在2013年2月，银监会出台的《关于做好2013年农村金融服务工作的通知》中即提出，各银行业金融机构要进一步深化和延伸农村基础金融服务，对乡镇以下农村地区，要充分利用科技手段做好延伸服务。这一制度安排是为了提高村镇银行在乡镇以下农村地区的覆盖面，能够真正服务真正需要资金的最底层农户。为了进一步提高覆盖面并规范村镇银行的发展，河北省严格贯彻落实国家政策，于2014年7月由河北省银监局出台了《河北银监局关于规范村镇银行业务经营与发展的指导意见》，除了提出支农指标与机构的监管评级相挂钩的监管要求外，重点从服务县域、支持实体、产品创新等方面进行了明确和细化：要求村镇银行在贷款集中度不能超标的前提下，还要达到户均贷款余额不超过100万元，500万元以上或超过资本净额5%的大户贷款余额一般不超过贷款余额的10%等相关指标要求；引导村镇银行将100万元以内的贷款需求作为重点培养客户，集中力量支持农户和小微企业的资金需求；要求村镇银行通过创新农户担保手段解决个体私营企业及农户由于受有效资产抵押的限制而无法得到信贷资金支持的现状，通过下设服务网点和机具设施，扩大金融服务覆盖面，做好对小微企业和农户"最后一公里"的金融服务；各家机构不得将资金上存主发起行，提出"开业满两年的村镇银行存贷比不低于60%；农户和小微企业贷款占比不低于80%"的信贷指导要求，引导贷款全部用于当地经济发展。

为了进一步稳步发展村镇银行，2015年2月，中国银监会发布了《关于做好2015年农村金融服务工作的通知》，提出"要稳步培育发展村镇银行，鼓励按照规模化组建、集约化管理和专业化服务的原则集中连片发起设立村镇银行，对设立村镇银行超过一定数量的发起行，允许设立村镇银行管理服务子公司"，为村镇银行发展模式的创新提供了政策依据。

这些政策的出台，为村镇银行的发展指明了方向，规定了其业务范围和条件，为村镇银行坚持服务"三农"和小微企业的市场定位，坚持专业化、差异化、特色化的经营和服务，进而引领全省村镇银行稳健经营、全力支持县域实体经济发展提供了政策支撑。早在2012年6月颁布的《河北省农村经济发展"十二五"规划的通知》中，提到"要大力发展农村金融业，加快建设村镇银行等新型农村金融机构，争取50%以上的县（市）各建成1家以上新型农村金融机构"。河北省应继续落实"十二五"规划的要求，扩大村镇银行网点的全覆盖。

- 制度执行效果

在各个政策的引导和支持下，河北省村镇银行在各方面发展迅速。2014年河北省共设立村镇银行44家，其中总行17家，支行26家，分理处1家。这些机构分布在市区的有13家，12家在县域，7家网点在镇上，在乡设立1家，有11家网点设立在村。总体来看，2014年河北省村镇银行发展较为均衡，较2013年各方面也都有所完善。

河北省政府在落实全省金融工作座谈会中，制定了"2015年争取新组建15家、2017年全省村镇银行县域覆盖率争取达到80%"的目标。截至2015年12月底，河北省共建立149家村镇银行，其中总行67家，分支机构82家，2015年是增长数量最多的一年，新组建包括总行和分支机构在内的村镇银行46家，圆满完成了年初制定的目标任务。图 2-2 为河北省 2012—2015 年村镇银行成立数量。

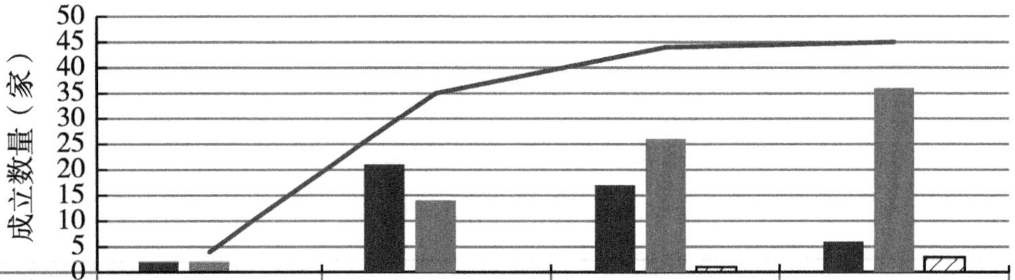

年份	2012	2013	2014	2015
总行	2	21	17	6
支行	2	14	25	36
分理处	0	0	1	3
总计	4	35	43	46

图 2-2　河北省 2012—2015 年村镇银行成立数量

由图 2-2 可以看出，2012 年河北省"十二五"规划的政策出台后，村镇银行的数量在 2013 年大幅度增加，其后几年总体呈上升趋势。在总行设立情况方面，2013 年新成立的总行最多，有 21 家，相比较 2012 年成立的 2 家总行，增幅较为明显，之后两年总行的增长数量虽然有所下降，但成立的总数还是在不断上升；在支行设立方面，2012 年起，河北省开始设立村镇银行支行，设立数量逐年递增，2015 年设立最多，新成立了 46 家，延伸服务进行良好；2014 年，河北省又开始设立 1 家村镇银行分理处，2015 年设立 3 家，村镇银行的发展逐渐完善。从总体来看，在"十二五"期间，河北省村镇银行的数量逐年增加，尤其在 2013 年以后尤为明显。由 2010 年 12 月底的 7 家到 2015 年 12 月底的 149 家，5 年时间增长了 142 家，村镇银行发展速度惊人，这是河北省各地积极落实"十二五"规划政策的结果，河北省村镇银行的发展逐渐走向成熟。

2.1.4　河北省村镇银行成熟阶段（2015—2019 年）

(1) 优化农村支付环境，完善普惠金融服务体系（2015—2018 年）

- 制度需求背景

随着我国金融业的逐步发展，支付方式也在不断发生着变化，多样化的支付方式越来越受欢迎，但是对于农村地区来说，支付方式依然较为单一，人们对金融科技等领域的认知较为欠缺。调查发现，河北省村镇银行在农村支付环境改善方面发挥力度较小。村镇银行虽然是"支农支小"的主力军，但最主要的还是在为农户和小微企业提供贷款方面，解决他们贷款难融资难的问题，在支付方面发挥的作用不大。出现该问题的原因除了农村金融环境相对落后，村镇银行在农村支付网络设施建设方面和支付工具宣传力度方面也存在问题。十八届三中全会正式提出我国要发展普惠金融，农村的支付服务是发展农村普惠金融的重要组成部分，也是提高农村金融服务效率的重要途径，因此，优化农村支付环境成了村镇银行等新型农村金融机构迫切需要解决的问题。

- 制度供给

为了更加优化农村的支付环境，2015年12月，河北省人民政府出台《河北省人民政府关于全面推进深化农村支付服务环境建设的指导意见》，支持村镇银行等涉农银行业金融机构充分利用在网点设置、客户群体培养、社会认知度建立等方面的优势，继续发挥在农村支付服务环境建设中的主力军作用。2015年12月，国务院印发《推进普惠金融发展规划（2016—2020年）》，从不同层面对普惠金融提出了政策措施和保障手段，同时提出要推进农村支付环境建设。

- 制度执行效果

截至2018年12月底，河北省村镇银行已达到288家，比2015年增长138家，其中总行增加38家，分支机构增加100家，村镇银行的覆盖面越来越广，在村级的服务网点也在不断增加，达到76家。同时，在支付方面也取得了一定的进展，部分地区的村镇银行着手开展在支付结算网络设施建设方面的投资，开始普及银行卡业务。但因村镇银行在自身发展和农村地区支付结算网络环境等方面存在的问题，使多数地区非现金支付工具比重处于较低水平。调查发现，在有村镇银行的农村地区，农民的交易结算仍然以现金结算为主，一般占结算量的80%，对银行卡和转账结算等非现金支付工具使用不多，除存取款外对银行卡的其他功能不甚了解。究其原因，一是金融领域针对农村的支付结算宣传不够，农民支付结算知识缺乏，对非现金支付工具认知度低，导致不少农民甚至不了解银行卡还具有转账、消费等功能；二是相关结算知识的宣传较为复杂，难以得到农户的认同，农户对此没有兴趣；三是村镇银行等金融机构收取结算费率较高，农村地区的中小商户本身利润较低，跨行缴纳交易费无形中压制了农村商户安装POS机（销售终端机）的积极性，已安装商户的使用积极性也不高。这些问题都极大地阻碍了农户使用非现金支付工具，一定程度上降低了农村资金的利用效率。河北省需要进一步落实国家相关政策，优化农村支付服务环境，实现支付普惠，对加速农村普惠金融发展具有重要意义。

（2）开展投资管理型村镇银行和"多县一行"制村镇银行试点（2018—2019年）

- 制度需求背景

经过国家政策近9年的培育与扶持，我国村镇银行得到迅速发展，在"支农支小""以城带乡"等方面发展成果显著，但同时也在发展过程暴露出许多问题。比如，多数村镇银行表现出运营成本居高不下、经营风险逐渐显现、民营资本投资积极性不高等问题，部分村镇银行甚至面临难以实现商业可持续的问题；在外部宏观经济形势的影响下，村镇银行正面临着利率市场化、金融服务网络化、行业竞争同质化等多重挑战和压力，不良资产的风险和规模效应的劣势逐渐凸显，盈利压力持续增加。另外，在中西部和"老少边穷"地区，因受经济发展水平、人口总量和自然环境等多种因素限制，不少县市尚不具备村镇银行设立和经营的条件，如果单独组建村镇银行法人机构，很难实现商业可持续发展，更不利于防控金融风险。为了实现村镇银行商业可持续发展、风险可控制、规模高效应，需要出台新的制度安排。

- 制度供给

为了应对村镇银行面临的风险、规模以及中西部和"老少边穷"地区金融资源短缺等问题，2018年1月，中国银监会印发了《关于开展投资管理型村镇银行和"多县一行"制村镇银行试点工作的通知》，从两个方面提出了具体要求，一是具备一定条件的商业银行，可以新设或者选择1家已设立的村镇银行作为村镇银行的投资管理行，即投资管理型村镇银行，由其受让主发起人已持有的全部村镇银行股权，对所投资的村镇银行履行主发起人职责；二是在中西部和"老少边穷"地区特别是国定贫困县相对集中的区域，可以在同一省份内相邻的多个县（市、旗）中选择1个县（市、旗）设立1家村镇银行，并在其邻近的县（市、旗）设立支行，即实施"多县一行"制村镇银行模式。投资管理行作为独立法人，相较于指定部门管理、成立事业部管理等模式，能够更好地统筹集中优势资源，提高管理服务效率，同时能够针对村镇银行特点建立专门的风险识别、监测、处置以及流动性支持等制度安排；"多县一行"制模式既能较好保障村镇银行健康可持续发展，又有利于提高欠发达地区金融服务的覆盖面和可得性，进一步提高普惠金融力度。2018年9月17日，中国银保监会发布公告称，经国务院批准，同意河北省等15个中西部和"老少边穷"地区且村镇银行规划尚未完全覆盖的省份开展首批"多县一行"制村镇银行试点。

- 制度执行效果

在2018年中国银保监会提出"多县一行"制政策以前,河北省就出现了类似的村镇银行。2016年11月10日,张家口市蔚县银泰村镇银行在怀安县设立支行,成为河北省第一家探索跨县服务的村镇银行,有效地为经济不发达地区的"三农"和小微企业提供了金融服务,成为我国在村镇银行领域自下而上改革的先头兵,探索内生性制度变迁的现实典型,为"多县一行"制政策的制定在一定程度上提供了经验。2018年以后,河北省积极落实国家提出的"多县一行"制政策,在现有村镇银行的基础上继续跨县成立支行。2019年7月5日,唐县汇泽村镇银行分别在顺平县和易县设立了分行,落实了"多县一行"政策。唐县汇泽村镇银行于2011年6月2日由鄂尔多斯银行发起设立,在唐县县域内已成立4家支行,成为河北省跨县成立支行的首家村镇银行。

投资管理型银行政策再次被提出后,经过一年多的时间,全国首家投资管理型村镇银行——兴福村镇银行股份有限公司,于2019年4月获批筹建,7月获批开业。河北省也紧跟步伐,同年8月,中国银行发布公告称,银保监会批复同意在雄安新区筹建中银富登村镇银行股份有限公司,中银富登村镇银行将成为全国第二家投资管理型村镇银行。

在投资管理型村镇银行和"多县一行"制政策提出一年多的时间,河北省第一家投资管理型村镇银行正在筹建中,1家村镇银行实行"多县一行"制,政策的提出对河北省村镇银行的发展产生了积极效果。但是,截至2019年12月底,河北省已成立村镇银行总行108家,但实施"多县一行"制的村镇银行只有1家,加上之前的蔚县银泰村镇银行也只有2家,但除衡水、廊坊和秦皇岛3个地区村镇银行县域覆盖率达到100%以外,其他地区都存在县域村镇银行空白现象,而这些县域基本上属于经济不发达的或"老少边穷"地区。表2-4是截至2019年12月底河北省未设立村镇银行县域情况。

表2-4 截至2019年12月底河北省未设立村镇银行县域情况

区域	无村镇银行地区	区域整体占比(%)	总行县域占比(%)
保定	高云县 涞源县 蠡县 博野县	20	21.05

(续表)

区域	无村镇银行地区	区域整体占比（%）	总行县域占比（%）
沧州	泊头市 肃宁县	13.33	14.29
承德	承德市辖区 兴隆县 隆化县	33.33	25
邯郸	临漳县 邱县 鸡泽县 广平县 馆陶县	38.46	41.67
石家庄	井陉县 灵寿县 高邑县 赵县 无极县 新乐市	40	42.86
唐山	迁西县	12.5	14.29
邢台	内丘县 临城县 隆尧县 平乡县 新河县 广宗县 临西县 南宫市	47.06	50
张家口	沽源县 尚义县 阳原县	27.27	30

资料来源：根据银保监会网站提供的村镇银行金融许可证信息在线查询整理。

注：①各市辖区及开发区统一计入本市；②县域统计包含各市下辖县级市，辛集市计入石家庄下辖县域。

由表 2-4 可知，邢台地区未设立村镇银行的县域占比高达 50%，依次是石家庄地区和邯郸地区，分别达到 42.86% 和 41.67%，这些县域的 90% 以上属于经济不发达地区甚至是"老少边穷"地区，符合"多县一行"制政策的要求范围，急需相关部门加快落实国家政策，进一步提高金融服务的覆盖面及信贷可得性，提高金融普惠力度。

2.1.5 河北省村镇银行服务质量提升阶段（2019 年至今）

（1）制度需求背景

经过十多年的发展，村镇银行已成为机构数量最多、单体规模最小、服务客户最基层、"支农支小"特色最突出的"微小银行"，在丰富金融机构体系、助力金融服务"三农"和小微企业等方面发挥了不可替代的积极作用。但是在培育发展过程中，一些村镇银行受各种因素影响，在经营发展中逐渐出现了偏离"支农支小"市场定位的倾向，而且逐渐劣变为高风险机构，严重影响和制约了村镇银行的可持续发展和金融服务能力。另外，在一些经济不发达的"老少边穷"地区，村镇银行服务覆盖率还处于较低水平甚至仍是服务空白，截至 2019 年 12 月底，河北省除去市区外未设立村镇银行的县域占比达到 25.19%。村镇银行作为"支农支小"的主力军，在实现乡村振兴战略中发挥着重要作用，因此，为不断强化村镇银行"支农支小"的战略定位、坚定服务"三农"的宗旨以及风险处置等相关问题，需要国家和地方政府出台新的制度安排。

（2）制度供给

为了切实提升金融服务乡村振兴效率和水平，国家先后出台了一系列相关政策，从服务定位和风险监管等方面提出了新的制度安排。2019 年 1 月 29 日，五部门联合发布《关于金融服务乡村振兴的指导意见》，第六条提出的强化农村中小金融机构支农主力军作用中，专门提出了适合村镇银行发展的针对性制度安排：一是服务定位上，提出村镇银行要强化"支农支小"战略定力，向乡镇延伸服务触角，并在目标上提出县域法人金融机构资金投放使用应以涉农业务为主，不得片面追求高收益；二是风险监管上，要把防控涉农贷款风险放在更加重要的位置，提高风险管控能力。另外，在第二十五条提出的完善差异化监管体系中，提出适度提高涉农贷款不良容忍度，规定涉农贷款不良率高出自身各项贷款不良率年度目标 2 个百分点（含）以内的，可不作为银行业金融机构内部考核评价的扣分因素，这一规定一定程度上为村镇银行的发展提供了风险保障。为夯实实施乡村振兴战略的基础，同年2月21日，中共中央、国务院印发了《关于促进小农户和现代农业发展有机衔接的意见》，要求金融机构要提升金融服务小农户水平、小农户贷款覆盖面，切实加大对小农户生产发展的信贷支持，支持村镇银行等农村中小金融机构立足县域，加大服务小农户力度，这一要求为解决处于长尾的、信贷可得性最低的小农户的融资难题提供了政策支撑。

为进一步补齐"三农"领域的短板，2020年4月9日，中国银保监会发布《关于做好2020年银行业保险业服务"三农"领域重点工作的通知》，提出通过加大信贷投入力度和提高风险保障水平，来助力补齐"三农"领域全面建成小康社会的突出短板。这一政策不但要求包括村镇银行在内的各银行机构要持续加大对"三农"重点领域的信贷支持，提出的"合理提升资金外流严重县的存贷比"和"对普惠型涉农贷款和精准扶贫贷款不良率高于自身各项贷款不良率年度目标3个百分点（含）以内的，可不作为监管评级和银行内部考核评价的扣分因素"等规定，更是对村镇银行的发展提供了风险保障。为进一步强化村镇银行风险处置，实现持续健康发展，更好地服务乡村振兴战略，2020年12月30日，中国银保监会办公厅发布了《关于进一步推动村镇银行化解风险改革重组有关事项的通知》，从进一步督促主发起行落实风险处置牵头责任、推动村镇银行改革重组以及加快村镇银行补充资本等方面提出了解决村镇银行风险的具体措施，为实现村镇银行的可持续发展和提高其"支农支小"的服务能力提供了制度保障。

（3）制度执行效果——基于对360户农户的调研

在国家政策的指导下，河北省村镇银行的服务质量进一步提升，其"支农支小"的服务能力不断提高。通过对河北省各地区农户的信贷状况进行调研，来分析在质量提升阶段河北省对村镇银行"支农支小"制度的执行效果。

- 调查情况说明

对河北省11个地区有村镇银行的乡镇发放了400份调查问卷，其中有效问卷360份，问卷有效率为90%。调研内容包括村镇银行贷款可得性、农户对村镇银行满意度和村镇银行对农户的福利影响等方面。调研目的是了解村镇银行是否坚持"支农支小"的战略定位，是否发挥了支农主力军作用。

农户家庭基本信息主要包括户主年龄、性别、文化程度、生产活动和家庭收入。表2-5是360个农户的家庭基本信息。

表 2-5 调查农户家庭基本信息

项目	特征	人数（人）	占比（%）
户主年龄（岁）	≤35	24	6.67
	36~45	106	29.44
	46~55	190	52.78
	56~65	24	6.67
	>65	16	4.44
	合计	360	100.00
性别	男	298	82.78
	女	62	17.22
	合计	360	100.00
文化程度	未上过学	6	1.67
	小学	64	17.78
	初中	158	43.89
	高中或中专	84	23.33
	大专及以上	48	13.33
	合计	360	100.00
生产活动	种植业	164	45.56
	养殖业	38	10.56
	商业	72	20.00
	工厂	40	11.11
	家庭手工	12	3.33
	其他	34	9.44
	合计	360	100.00
家庭收入（元）	[0, 5 000)	48	13.33
	[5 000, 10 000)	94	26.11
	[10 000, 20 000)	90	25.00
	[20 000, ∞)	128	35.56
	合计	360	100.00

数据来源：根据调研数据整理。

由表 2-5 可知，46~55 岁的农户最多，有 190 人，占 52.78%，最少的为 65 岁以上的户主，有 16 人，占 4.44%，其中男性户主占绝大多数；这些农户的文化程度以初高中为主，占 67.22%；生产活动大多为种植业，有 164 人，占 45.56%，其次为从事商业活动的，有 72 人，占 20.00%，其他类职业从事占比较低；家庭收入在 5 000 元以上的占 86.67%，其中有 35.56% 的农户收入在 2 万元以上。

- 调查结果分析

调查结果分三个方面展开阐述。

第一，村镇银行贷款可得性。在村镇银行贷款可得性方面，主要对农户是否有贷款意愿、是否申请过贷款、贷款是否批准、贷款目的等方面进行调查。360户农户中有162户占45%的农户有贷款意愿，剩下55%的农户没有贷款意愿，无意愿的原因：一是部分农户不存在资金短缺问题，属于无资金需求，不在村镇银行服务定位内；二是部分农户更倾向于向亲戚朋友借钱，信息对称度高，交易成本低；三是一些农户在意识上不接受贷款手段，要么认为贷款不靠谱，要么不想因有负债带来压力。在162户有贷款意愿的农户中，有104人申请过贷款，达到64.2%，这说明有贷款意愿的农户大多数会申请贷款；而申请贷款的104人中，并不是所有人都可以实现贷款，有10户农户没有实现，具体原因主要是这些农户无抵押物，信用也不足，而且贷款有一定门槛，普通家庭达到贷款门槛较困难；而94户实现贷款的农户有84户足额贷款，10户不足额，主要原因是村镇银行贷款规模有限制，属于小额信贷，超过贷款规模的贷款不予批准。

在贷款用途上，农户申请贷款的目的（可多选）有多种。图2-3是农户申请贷款目的占比。

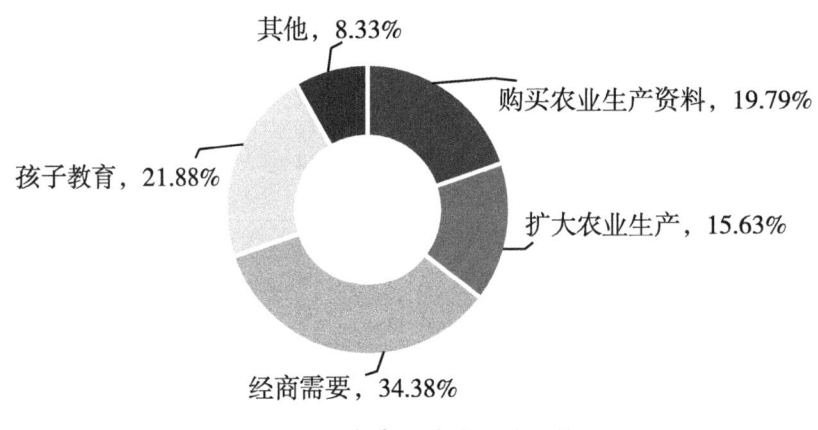

图2-3 农户申请贷款的目的

由图2-3可知，农户贷款的目的主要分为5类。用于经商需要的贷款占比最多，有66人，占34.38%；其次为用于孩子教育的费用，有42人，占21.88%；贷款购买农业生产资料的农户有38人，占19.79%；为扩大农业生产而贷款的农户有30人，占15.63%；用于其他方面的贷款有16人，占8.33%。总体来看，在贷款的这些农户中，经商和教育两方面用途占比超过50%，而用于农业方面的比例相对较小。

在申请贷款的农户中，其信贷可得性较高，占比达到90.38%，但村镇银行对贷款限额和抵押贷款的规定也导致了部分农户的贷款困境，要么有贷款意愿不敢申请，要么申请贷款却不能实现，这些都在一定程度上降低了村镇银行的信贷可得性。国内一些其他省份的村镇银行已经开展信用贷款，使有贷款意愿的农户都能实现足额贷款，河北省可根据本省的具体发展状况，对村镇银行的贷款规定进行新的制度安排。

第二，农户对村镇银行满意度。农户对村镇银行满意度的调查主要从村镇银行办理贷款程序、贷款审批速度、贷款利率、还款方式及员工素质5个方面进行。表2-6为调查农户对村镇银行满意度。

表2-6 调查农户对村镇银行满意度

项目	特征	人数	占比（%）
办理贷款程序	简单	4	3.85
	一般	80	76.92
	较为复杂	20	19.23
	非常复杂	0	0.00
	合计	104	100.00
贷款审批速度	较快	22	21.15
	一般	64	61.54
	较慢	18	17.31
	很慢	0	0.00
	合计	104	100.00
贷款利率	较低	20	19.23
	一般	74	71.15
	较高	10	9.62
	很高	0	0.00
	合计	104	100.00
还款方式	到期一次性还清	6	5.77
	分期还款	98	94.23
	合计	104	100.00
员工素质	非常高	6	5.77
	较高	60	57.69
	一般	36	34.62
	较差	2	1.92
	合计	104	100.00

数据来源：根据调研数据整理。

由表2-6可知，在办理贷款程序、贷款审批速度、贷款利率方面，绝大多数农户都觉得一般，占比很大；还款方式方面，94.23%的农户支持分期还款，只有6个人支持到期一次性还清，占5.77%；在银行员工素质方面，60个农户认为员工素质较高，占57.69%，其次有36个人认为员工素质一般，占34.62%，6个人认为员工素质非常高，占5.77%，只有2个农户觉得员工素质较差，占1.92%，可见在员工素质方面，村镇银行做得相对较好，员工素质较高的比例超过一半以上。总体来看，农户对村镇银行的满意度为一般，除去员工素质、贷款利率两方面，其他3个方面"一般"选项占比最大，人数最多。因此关于满意度的调查，村镇银行做得一般，与其他金融机构相比没有特殊之处。

第三，村镇银行对农户的福利影响。在福利影响方面，主要从农户的收入、生活质量、生活幸福感三方面来调查。关于村镇银行业务的开展对农户的收入是否有影响的问题，有304个农户认为没有影响，占84.44%，可见村镇银行业务的开展对农户的收入影响较小，有影响的这些农户认为村镇银行业务可以缓解资金需求压力，扩大农业生产，扩大商业经营，服务更加便利，闲余资金有了更好的利用；关于生活质量影响方面，有254个农户认为没影响，占70.56%，106个农户认为有影响，占29.44%，对生活质量有影响的农户认为，村镇银行的建立改善了农村的生活水平，存贷款更加便利，更容易筹集资金，扩大了种养殖规模，有效解决了资金问题，方便给异地求学的孩子转钱，提高了生活质量；关于农户的生活幸福感方面，有230个农户觉得没影响，占63.89%，130个农户觉得有影响，占36.11%，幸福感提升的这些农户认为，村镇银行的网上支付功能让生活更加便利，存贷款等业务更加方便，可以不用向亲戚朋友借钱进行民间借贷，生活状况有所改善。从这3个方面来看，大多数农户觉得村镇银行的业务开展对他们的生活没有影响，只有少部分农户认为对生活有影响，因此，村镇银行对农户福利影响较小。

综上分析，河北省村镇银行的支农效果处于一般水平，虽然村镇银行要坚持支农支小的战略定位，但是在服务"三农"方面发挥的力度并不大，农户对村镇银行的满意度也一般，村镇银行的设立对大多数农户来说并没有影响。由此可以看出，河北省村镇银行的支农力度较小，支农效果一般，定位存在一定的偏离。究其原因，一是国家对村镇银行在服务质量提升阶段的制度安排还处于初始阶段，其执行效果还没有充分体现，导致其"支农支小"效果出现一般现象；二是河北省在执行国家政策过程中一定程度上存在着滞后效应，表现出对村镇银行服务质量提升阶段的制度安排的适应性效率较低。

2.2 河北省村镇银行制度演进中的适应性分析

通过对村镇银行制度演进的分析可以发现，当出台宽松性的村镇银行政策时，村镇银行制度的适应性较高。如村镇银行刚刚成立时，国家及地方政府出台的关于村镇银行的政策文件较多，村镇银行受到足够重视，起步阶段发展的较好。再如后期政策中提到放宽村镇银行的发起行所在地，对村镇银行给予财政支持，村镇银行的发展速度明显提高，机构设立数量也显著增加。这一制度不仅放宽了村镇银行的发起行条件，还对村镇银行给予一定的支持，双重作用下村镇银行能够实现向好发展。当村镇银行处于以下几种状况时，其制度适应性即表现出较低水平。

（1）当村镇银行所在地经济发展水平较低时，其制度适应性较低

村镇银行制度是社会发展进步的产物，国家对村镇银行制度的制定，是以全国的平均经济发展水平为依据的，结合全国各地的村镇银行发展状况，出台适合大多数村镇银行可以执行的政策，并不针对各省各地区的村镇银行，因此国家出台的村镇银行制度具有普适性的特点。一些经济发展水平较高的地区，因其经济实力雄厚，可以比较顺利地落实国家对村镇银行的制度规定，使其发展状况也相对较好，如截至2020年12月底，村镇银行机构数量排名前4位的河南、山东、浙江和安徽均属于较发达省份，作为主发起行的大中型商业银行有积极性在这些地区设立村镇银行，使这些地区村镇银行数量不断增长，一定程度上说明村镇银行制度适应性处于较高水平；而河北省虽然属于东部地区，但经济发展水平与其他省份相比较低，落实村镇银行制度的能力也较弱，因此对于河北省来说，其制度适应性是处于较低水平。

考虑到我国各地区的经济发展水平不统一，2009年7月，中国银监会决定实施村镇银行准入挂钩措施，以实现农村金融服务全覆盖的目标，在出台的《新型农村金融机构2009年—2011年总体工作安排》中指出，"在东部地区（全国百强县、国定贫困县和大中城市市辖区除外）规划地点发起设立村镇银行的，原则上与国定贫困县实行2∶1挂钩，或与中西部地区实行1∶1挂钩，主发起人在这些地区没有分支机构的可以设立分支机构。"然而河北省在2009年没有设立1家新的村镇银行，组建较缓慢，对出台的政策落实不到位，因此该村镇银行制度在河北省地区适应性较低。

为了适应村镇银行集约化管理和专业化服务的需要，2018年1月，银监会印发了《中国银监会关于开展投资管理型村镇银行和"多县一行"制村镇银行试点工作的通知》，并于2018年9月，要求包括河北省在内的15个地区作为开展首批"多县一行"制村镇银行试点。截至2020年12月底，河北省只有唐县汇泽村镇银行实行"多县一行"制，进度较慢。村镇银行落实该制度要考虑资金投资、人员管理、各项交易费用等问题，但河北省的县域经济发展水平支撑不了村镇银行的发展，因此发展非常缓慢，该制度的适应性在河北省内较低。

（2）当涉及村镇银行内部治理制度时，其制度适应性较低

村镇银行在快速发展的同时，其内部治理也存在各种问题，因此国家出台了相应的政策来规范村镇银行的内部治理。但是村镇银行内部设定的治理制度，是为了让村镇银行自身更好的发展，在为"三农"服务的同时也能获取足够的利润使村镇银行能够生存下去，大多数村镇银行的内部治理制度是有很多共性的，同时当地政府发展村镇银行的侧重点也不在这里，因此这些规范村镇银行内部治理制度的出台并没有对其产生很大的作用，国家出台的相关制度执行效果不佳。

在2007年银监会颁布的《村镇银行管理暂行规定》中"主发起行制度"被明确要求实施后，该制度受到了广泛的质疑。针对村镇银行主发起行持股比例过高的问题，虽然在2010年出台的《关于加快新型农村金融机构有关事宜的通知》中提到允许资产管理公司发起设立村镇银行，但由于河北省村镇银行发展刚刚起步，各大中小型银行依然是政府支持的村镇银行主发起行，因此河北省村镇银行主发起行仍然以各类型的商业银行为主，且多数主发起行持股比例过高，均超过了50%，"主发起行制度"仍然在执行，村镇银行似乎也适应了该制度的存在，因此这些文件的出台对河北省并没有起到很大作用，该村镇银行制度适应性较低。

进一步的，为了降低主发起行持股比例，放宽民间资本入股，2011年8月，河北省出台了《关于进一步鼓励和引导民间投资健康发展的实施意见》，提出要"支持民间资本以入股方式参与商业银行的增资扩股，参与农村信用社改制，发起或参与设立村镇银行等金融机构。根据国家有关规定和要求，放宽村镇银行最低出资比例限制"；2012年5月，中国银监会出台了《关于鼓励和引导民间资本进入银行业的实施意见》，强调发挥民营企业的作用，调整了村镇银行主发起行的最低持股比例，民间资本入股村镇银行的比例进一步放宽。但是这些政策的出台对河北省村镇银行的发展并没有起到实质性作用，2012年河北省新成立了4家村镇银行、2家总行、2家分行，其中一家总行的主发起行持股比例为100%，另一家为51%，很明显依然是主发起行控股。因此河北省政府与国家出台的政策并没有缓解这个问题，

"主发起行制度"依然存在,这些村镇银行制度的适应性较低。

(3) 当涉及村镇银行服务村镇（乡）地区时，其制度适应性较低

村镇银行设立的初衷就是以服务"三农"为宗旨。经过13年的发展，村镇银行虽然已成为"支农支小"的主力军，但更多的还是为农户和小微企业提供贷款，解决融资问题，在其他业务方面有很大欠缺，服务种类较为单一，这是因为在村镇地区服务存在一定的风险：一是农户和小微企业对村镇银行的认知度较低，到村镇银行贷款的意愿不强烈；二是农户的信用度不确定；三是村镇银行的业务越多投资越大，风险也较高。因此即使国家出台了多项为农村地区服务的政策，考虑到种种因素，村镇银行的执行力度依然较小，这些制度的适应性较低。

为了发展普惠金融优化农村的支付环境，2015年12月，河北省人民政府出台《河北省人民政府关于全面推进深化农村支付服务环境建设的指导意见》，支持村镇银行等涉农银行业金融机构充分利用在网点设置、客户群体培养、社会认知度建立等方面的优势，继续发挥在农村支付服务环境建设中的主力军作用。2016年1月，国务院印发《推进普惠金融发展规划（2016—2020年）》，对普惠金融的各方面提出了政策措施和保障手段，同时提出要推进农村支付环境建设。但是截至2016年12月底，河北省在农村的服务网点只有56家，这些营业网点的网络设施建设滞后，服务方式和手段较为单一，部分地区的村镇银行刚刚普及了银行卡，多数地区非现金支付工具比重非常低，有支付工具的地区还是以农村商业银行为主，村镇银行在支付结算网络设施建设方面的投资力度很小。村镇银行是国家根据农村地区内生的资金需求通过顶层设计推出的制度安排，但因各种因素的影响，村镇银行在实践中处在夹缝中生存的状况，为了求稳以及考虑自身的实力，很少会对网络科技方面有较大的投资，因此这些制度的出台对村镇银行只是起到了督促作用，没有给予村镇银行实质性的补贴措施，村镇银行实力不足其执行力自然就小，导致这些制度的适应性较低。

针对部分村镇银行在发展中以利益为重，逐渐偏离"支农支小"市场定位的问题，2019年1月29日，中国银保监会出台了《关于金融服务乡村振兴的指导意见》，提出要强化农村中小金融机构支农主力军作用，村镇银行要强化"支农支小"战略定力，向乡镇延伸服务触角。进一步的，2月21日随即出台的《关于促进小农户和现代农业发展有机衔接的意见》，要求金融机构要提升金融服务小农户水平、小农户贷款覆盖面，切实加大对小农户生产发展的信贷支持，支持村镇银行等农村中小金融机构立足县域，加大服务小农户力度。通过对河北省各地360户农户的调研发现，河北省村镇银行在服务"三农"方面发挥的力度远达不到制度规定的要求，农户对村镇银行的满意度也一般，村镇银行的设立对大多数农户来说并没有产生太大影响。由此可以看出，河北省村镇银行的支农力度较小，支农效果一般，这些关于村镇银行为村镇地区服务的制度适应性较低。

3 河北省村镇银行发展现状

3.1 河北省村镇银行发展业绩

3.1.1 机构数量逐年上升

2008年6月河北省成立了第一家村镇银行——张北信达村镇银行股份有限公司,它的宗旨以服务"三农"为主要目的,通过开展各项支农服务,提高当地农村地区金融管理水平。为了促进河北省村镇银行的快速发展,河北省在2009年启动了新型农村金融机构三年计划工程,计划三年内实现新型农村金融机构基本覆盖全省。2010年6月底,河北省第二家村镇银行——邢台金农村村镇银行成立,总股本2 000万元,是由邢台市商业银行和10个民间股东发起建立的;同年9月,廊坊香河益民村镇银行、承德丰宁建信村镇银行也相继成立。至此,河北省村镇银行发展呈逐年上升的趋势,截至2020年12月底河北省已经设立包括总行和分支机构在内的村镇银行322家,其中总行110家、分支机构212家,如表3-1所示。

表3-1 2008—2020年河北省村镇银行营业机构数量

项目	年份												
	2008	2009	2010	2011	2012	2013	2014	2015	2016	2017	2018	2019	2020
总行(家)	1	1	7	21	23	44	61	67	72	96	105	108	110
分支机构(家)	0	0	0	0	2	16	42	82	133	166	182	203	212
法人机构(家)	1	1	7	21	25	60	103	149	205	262	287	311	322
增长数量(家)		0	6	14	4	35	43	46	56	57	25	24	11

资料来源:根据银监会网站提供的村镇银行金融许可证在线查询整理所得。

由表3-1可以看出,无论总行还是分支机构都呈现逐年上升的趋势,其中总行增长最多的年份是2013年和2017年,增长幅度分别达到21家和24家,前者的增长是源于2012年11月召开的党的十八大中提出的"要全面深化金融体制改革,健全促进宏观经济稳定、支持实体经济发展的现代金融体系"和十八届三中全会提出的发展普惠金融在农业领域落实的结果；后者的增长是源于2017年中央一号文件中提出的"加快农村金融创新"和"支持农村商业银行、农村合作银行、村镇银行等农村中小金融机构立足县域，加大服务'三农'力度"在农业领域落实的结果。法人机构增长最多的是2016年和2017年，增长幅度达到56家和57家，这是贯彻落实《河北银监局关于规范村镇银行业务经营与发展的指导意见》的结果：河北银监局督促符合条件的村镇银行制定机构发展规划，督促银监分局积极引导符合条件的村镇银行设立分支机构，严格按照银监会相关规定审核批准行政许可事项，不得自行增加审批程序；加大机构向下延伸的考核力度，在乡镇设立分支机构的同时，在村庄、社区抓紧布设自助电子机具。图3-1是河北省村镇银行总行、分支机构和法人机构每年增长变化。

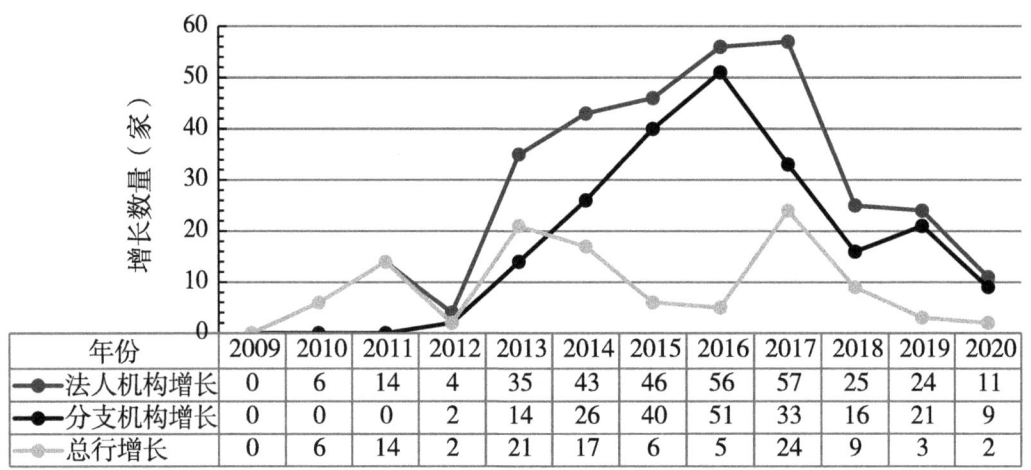

图 3-1 河北省村镇银行总行、分支机构和法人机构每年增长变化

（资料来源：根据银监会网站提供的村镇银行金融许可证在线查询整理）

由图3-1可以看出，2012年12月底前村镇银行增长变化处于较小幅度的波动状态，从2013年开始村镇银行分支机构和法人机构的增长幅度都呈迅速上升的趋势，直到2016年达到一个峰值，增长幅度分别达到51家和56家，这是自2008年河北省第一家村镇银行产生以来增长幅度最大的一年，这是贯彻落实党的十八大和十八届三中全会以及《河北银监局关于规范村镇银行业务经营与发展的指导意见》的结果。但是2016年村镇银行总行出现了增长幅度明显下降的现象，究其原因是，国家把金融监管作为2016年的根本任务，全年以证监会、银监会为代表的一行三会先后出台并实施了一系列的重大金融监管举措和政策，从严监管、全面监管，努力实现国家去杠杆、脱虚向实的目标,这一系列的举措意在适度放缓金融改革步伐,从而给金融市场提供喘息疗伤机会,这在一定程度上也就放缓了村镇银行的设立。

在严监管、去杠杆的大趋势下,我国金融整体环境得到了明显改善,金融机构也在不断调整,作为农村金融支农主体的村镇银行又开始出现较大幅度增长,2017年村镇银行总行出现了2008年以来最大幅度的增长,增长了24家,一是源于金融环境的改善,更重要的是落实2017年中央一号文件关于支持村镇银行服务"三农"的重大方针政策。但2018年村镇银行总行和分支机构的增幅均出现了大幅度下降,比2017年分别下降了62.5%和51.51%。这一较大幅度变化的原因,一是2017年党的十九大报告根据我国经济发展的实际将战略重点定位在实体经济的发展,而金融领域的重点是加强监管防范风险,这在一定程度上弱化了村镇银行的设立工作;二是2018年1月中国银行业监督管理委员会下发《中国银监会关于开展投资管理型村镇银行和"多县一行"制村镇银行试点工作的通知》,决定在中西部地区开展投资管理型村镇银行和多县一行制村镇银行试点,并于同年9月将包括河北在内的15个中西部和"老少边穷"地区作为试点地区,这一政策的落实与原来一县一行制相比,设立数量会相应降低。2019年和2020年总行和法人机构的增长幅度均出现了不同程度的缩减,其原因一是2018年出台的多县一行制政策的延续效应;二是2019年金融行业逐渐进入高质量发展阶段,村镇银行作为金融行业专门"支农支小"的重要机构,也把自身高质量发展作为未来发展方向;三是2019年12月中国银保监会办公厅出台的《关于推动村镇银行坚守定位 提升服务乡村振兴战略能力的通知》中,将重点放在村镇银行服务乡村振兴的高质量发展上,强调原有村镇银行的"支农支小"定位、适配性和能力的提升、治理机制的完善、风险防范和处置以及主发起行的履职等制度安排,且要求将全国区域布局重点放在中西部地区县域空白点。这些制度安排说明河北省村镇银行的发展已经突破原有大规模增长时期,进入了高质量发展阶段。

3.1.2 地域分布广泛

自2008年河北省第一家村镇银行——张北信达村镇银行在张家口市成立,到2020年12月底,村镇银行已经广泛分布在河北省的11个地区,表3-2是截至2020年12月底河北省村镇银行总行地域分布及占比。

表 3-2　河北省村镇银行总行地域分布及占比

项目	保定	沧州	石家庄	廊坊	张家口	衡水	邢台	邯郸	唐山	承德	秦皇岛	总量
数量（家）	16	13	12	11	10	10	10	10	8	6	4	110
占比（%）	14.55	11.82	10.91	10.00	9.09	9.09	9.09	9.09	7.27	5.45	3.64	100.00

资料来源：根据银监会网站提供的村镇银行金融许可证在线查询整理。

从表 3-2 可以看出，经过几年的发展，河北省在全部 11 个行政地区都设立了村镇银行总行，最多的是保定 16 家，占 14.5%，其次是沧州 13 家，占 11.8%，石家庄、廊坊数量也较多，均不低于 10%，这 4 个地区是河北省经济相对发达的地区，设立的村镇银行总和达到 52 家，占总量的一半多。承德属于经济发展相对不发达的地区，村镇银行设立较少，一定程度上说明在经济发展比较落后的地区，村镇银行设立的动力不足，积极性不高。张家口也属于经济发展相对不发达地区，但其村镇银行数量已经赶上衡水、邢台和邯郸，均成立村镇银行 10 家，原因在于张家口是河北省最先成立村镇银行的地区，有一定的动力和积极性。而秦皇岛是港口城市，更侧重于二、三产业的发展，对于定位在"三农"领域的村镇银行的需求相对较低，因此在 2016 年 12 月以前没有村镇银行的设立，只在 2017 年成立了 4 家，一直到 2020 年 12 月底都没有再设立村镇银行。

从表 3-1 可以看出，2011 年村镇银行开始设立村镇银行分支机构，截至 2020 年 12 月底，各地已开设分支机构 212 家，除了在沧州地区开设的 6 家分理处外，其他都是各地村镇银行设立的支行共 206 家，表 3-3 为 2020 年 12 月底河北省村镇银行在各地设立分支机构地域分布和占比。

表 3-3　河北省村镇银行分支机构区域分布及占比

项目	廊坊	沧州	承德	石家庄	保定	张家口	唐山	邢台	衡水	邯郸	秦皇岛	总量
数量（家）	38	35	30	24	21	19	16	11	11	7	0	212
占比（%）	17.92	16.51	14.15	11.32	9.91	8.96	7.55	5.19	5.19	3.30	0.00	100.00

资料来源：根据银监会网站提供的村镇银行金融许可证在线查询整理所得。

由表 3-3 可以看出，村镇银行在各地普遍设立了分支机构，其中总行排名第四的廊坊设立的分支机构最多，共设立 38 家，占比达到 17.92%；而村镇银行总行设立排名第二的沧州设立的村镇银行分支机构也较多，共设立 35 家，占比达到 16.51%，而且只有沧州设立了村镇银行分理处 6 家，说明沧州村镇银行的发展比较迅速，反映出沧州地区相关部门对设立村镇银行的重视程度。另外，承德地区虽然设立村镇银行总行数量不多，但分支机构相较于村镇银行总行较多的保定和石家庄处于较多状态。

将表3-2和表3-3合并，得出2020年12月底河北省村镇银行包括总行和分支机构在内的法人机构的地域分布及占比状况，如表3-4所示。

表3-4 河北省村镇银行法人机构地域分布及占比

项目	廊坊	沧州	保定	石家庄	承德	张家口	唐山	邢台	衡水	邯郸	秦皇岛	总量
法人机构（家）	49	48	37	36	36	29	24	21	21	17	4	322
占比（％）	15.22	14.91	11.49	11.18	11.18	9.01	7.45	6.52	6.52	5.28	1.24	100

资料来源：根据银监会网站提供的村镇银行金融许可证在线查询整理所得。

由表3-4可以看出，河北省村镇银行法人机构在廊坊和沧州分布最多，总量达到97家，占比达到30.12%；分布最少的是邯郸和秦皇岛，总量只有21家，只占6.52%。这种分布状态与河北省村镇银行分支机构的地域分布相类似。图3-2是河北省村镇银行总行、分支机构和营业机构地域分布比较。

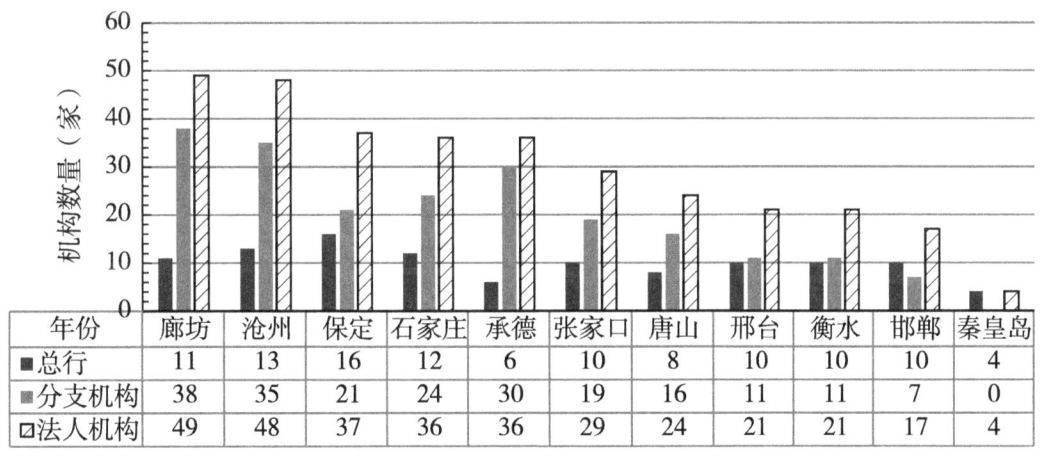

图3-2 河北省村镇银行总行、分支机构和法人机构地域分布比较

（资料来源：根据银监会网站提供的村镇银行金融许可证在线查询整理）

3.1.3 注册资本规模不断增长

河北省村镇银行总行累计数量和注册资本总额逐年增长。图3-3是2008—2020年河北省村镇银行总行累计数量及注册资本变化趋势。

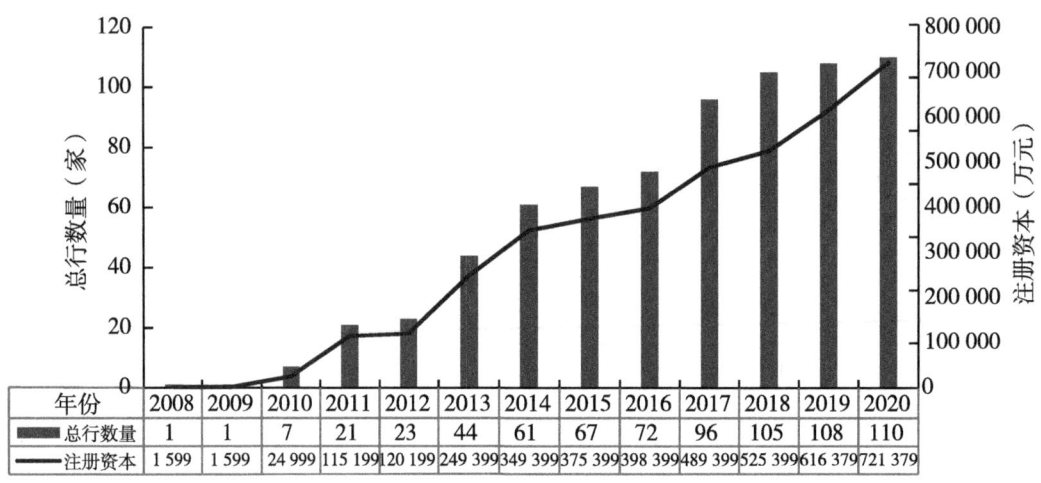

图 3-3 2008—2020 年河北省村镇银行总行累计数量及注册资本变化趋势

（资料来源：银监会网站和全国企业信用信息公示系统）

由图 3-3 可以看出，除了 2008—2009 年因处于初始阶段没有变化外，2010—2020 年河北省村镇银行注册资本总额伴随总行数量的增加呈不断增长的趋势，由 2010 年的 24 999 万元增长到 2020 年的 721 379 万元，年均增长达到 278.56%，远远高于总行数量年均增长 147.14% 的比率。这一比例的差异，说明随着村镇银行总行数量的增加，单户平均注册资本也呈不断增长的趋势，尤其 2010—2011 年、2012—2014 年、2018—2020 年的期间范围，其注册资本总额的增长均超过了总行数量的增长，表现为新增村镇银行单户平均注册资本的增加。图 3-4 是 2008—2020 年河北省村镇银行总行每年增长数量及其平均注册资本变化趋势。

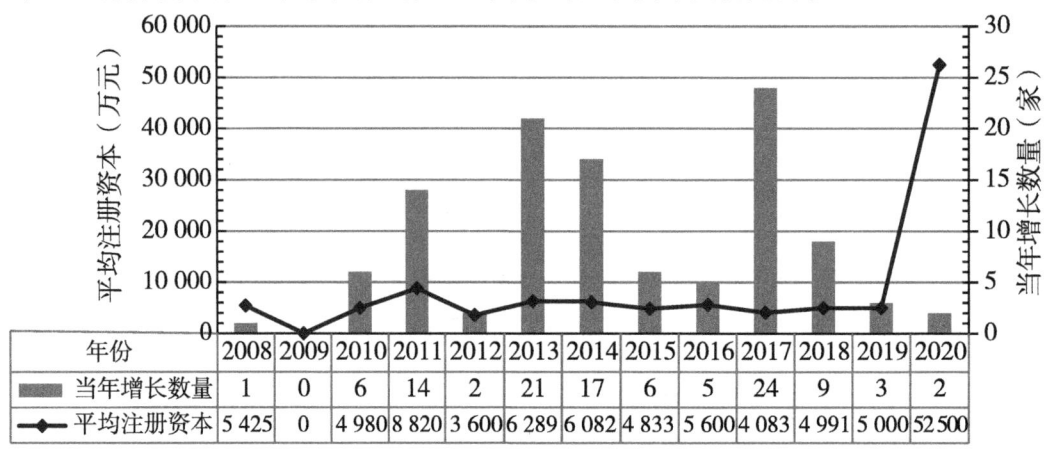

图 3-4 2008—2020 年河北省村镇银行总行每年增长数量及其平均注册资本变化趋势

（资料来源：根据银监会网站提供的村镇银行金融许可证在线查询整理）

由图 3-4 可以看出，2011 年、2013 年、2014 年和 2020 年增加的村镇银行单户平均注册资本均超过了 6 000 万元，其中 2011 年和 2020 年分别高达 8 820 万元和 52 500 万元，远远高于河北省至 2020 年 12 月底 110 家总行的单户平均注册资本 6 557.99 万元的水平，其直接原因是当年成立的村镇银行有相当比例的注册资本达亿元及以上。表 3-5 是截至 2020 年 12 月底河北省注册资本过亿元村镇银行总行统计。

表 3-5 截至 2020 年 12 月底河北省注册资本过亿元村镇银行总行统计

银行名称	注册资本（万元）	主发起行	所在地	批准成立日期
中银富登村镇银行	100 000	中国银行股份有限公司	保定市	2020-06-24
围场满族蒙古族自治县华商村镇银行	28 429	承德银行	承德市	2011-02-24
遵化融和村镇银行	11 000	江门融和农村商业银行	唐山市	2014-07-04
廊坊市广阳舜丰村镇银行	10 830	山东诸城农村商业银行	廊坊市	2014-09-18
迁安襄隆村镇银行	10 000	邢台银行	唐山市	2011-03-28
唐县汇泽村镇银行	10 000	鄂尔多斯银行	保定市	2011-06-02
廊坊市安次区惠民村镇	10 000	吉林九台农村商业银行	廊坊市	2011-11-25
唐山市开平汇金村镇银行	10 000	张家口市商业银行	唐山市	2011-12-05
任丘泰寿村镇银行	10 000	寿光农商行	沧州市	2011-12-22
黄骅青隆村镇银行	10 000	山东青州农村商业银行	沧州市	2013-06-28
涿州中成村镇银行	10 000	成都农商银行	保定市	2013-11-01
高碑店中成村镇银行	10 000	成都农商银行	保定市	2013-11-01
定州中成村镇银行	10 000	成都农商银行	保定市	2013-11-01
献县融和村镇银行	10 000	江门融和农村商业银行	沧州市	2014-07-23
廊坊开发区融商村镇银	10 000	河北沧州农村商业银行	廊坊市	2016-02-01
容城邢农商村镇银行	10 000	河北邢台农村商业银行	保定市	2017-12-13
南皮融信村镇银行	10 000	河北沧州农村商业银行	沧州市	2018-07-31

资料来源：根据银监会网站提供的村镇银行金融许可证在线查询整理。

注：表中村镇银行除唐县汇泽村镇银行为有限责任公司外，其余均为股份有限公司。

由图 3-4 和表 3-5 可以看出，在新增村镇银行单户平均注册资本最高的 2020

年,其新增的2家村镇银行中,中银富登村镇银行注册资本高达100 000万元,远远高于其他所有村镇银行,比处于第二位的围场满族蒙古族自治县华商村镇银行注册资本28 429万元高出71 571万元,高出的注册资本额比河北省所有村镇银行单户平均注册资本6 557.99万元还要高65 013.01万元,相当于6家注册资本超10 000万元的总额。这一高额注册资本的根本原因是坐落于雄安的中银富登村镇银行是国家试点的第二家投资管理型村镇银行,具有双重身份,既是一家涵盖村镇银行所有业务的一般村镇银行,又是一家作为控股股东的投资行和对旗下已有的截至2020年12月底的126家村镇银行的管理行,后者的身份定位需要更高的资本金。新增村镇银行单户平均注册资本处于第二位的是2011年,其新增的14家村镇银行中,有6家村镇银行注册资本达到10 000万元,其中围场满族蒙古族自治县华商村镇银行注册资本高达28 429万元,进一步提高了单户平均注册资本。新增村镇银行单户平均注册资本超过6 000万元的还有2013年和2014年,新增的21家和17家村镇银行中,分别有4家和3家村镇银行注册资本达10 000万元,其中2014年的3家中有2家注册资本超过了10 000万元,提高了单户平均注册资本。

3.1.4 机构设立在村和乡镇的比例较高

河北省村镇银行的设立重视在村和乡镇发挥作用,第一家即设立在镇上,而且自2013年第一家在村级设立村镇银行开始,村镇银行在村和乡镇设立的比例呈逐年上升的趋势。表3-6是2013—2020年河北省新增村镇银行中设立在村和乡镇的比例。

表3-6 2013—2020年河北省新增村镇银行中设立在村和乡镇的比例

项目	年份							
	2013	2014	2015	2016	2017	2018	2019	2020
新增总量(家)	35	44	46	56	57	25	24	13
村和乡镇数量(家)	13	19	30	44	38	20	18	9
村和乡镇比例(%)	37.14	43.18	65.22	78.57	66.67	80.00	75.00	69.23

资料来源:根据银监会网站提供的村镇银行金融许可证在线查询整理。

由表3-6可以看出,在河北省每年新增的村镇银行中,设立在村和乡镇的比例不断上升,从2015年开始每年新增的比例均超过65%,2018年甚至达到80%。从整体来看，在河北省截至2020年12月底设立的322家村镇银行中，设立在村和乡镇的共有119家，占比达到36.96%。这一较高比例充分说明河北省严格落实国家设立村镇银行的政策，始终将"支农支小"作为村镇银行的定位，将不发达地区作为村镇银行的服务区域，将弱势群体作为村镇银行的服务对象，在脱贫攻坚过程中起到了重要作用，未来还将在乡村振兴和农村高质量发展中发挥关键作用。

3.2 河北省村镇银行发展与其他区域比较分析

3.2.1 法人机构数量增速总体处于中等水平

自2007年中国银监会首批试点选择在湖北、四川、青海、云南、内蒙古、吉林6省（区）的农村地区开展设立村镇银行以来，到2020年12月底，我国31个省（区、市）已经设立包括总行（1 637家）、支行（4 640家）、分理处（184家）、服务站（1家）在内的村镇银行营业机构共6 462家。表3-7为根据银监会发布的金融许可证信息，按银监会对村镇银行的批准成立日期收集整理的排名前四位的省份、河北、东部地区和全国2007—2020年12月底每年村镇银行各类型营业机构的累积数量。由于村镇银行的设立主要是为了填补中西部农村地区的金融空白，银监会制定的相关政策对村镇银行在中、西部的设立相对于东部有所倾斜，东部地区在设立村镇银行时遵守与中、西部不同的政策约束，实行"在次序上，先西部地区，后东部地区"，河北省村镇银行的发展程度不仅要与全国平均水平进行比较，也要与河北省所处的东部地区平均水平进行比较。

由表3-7可知，截至2020年12月底河南省和山东省村镇银行数量最多，均已超过600家，两省共设立村镇银行1 264家，占全国总量的19.6%。机构数量排名前四名的省区分别是河南、山东、浙江和安徽，村镇银行的数量全部超过340家，四省区村镇银行的数量总计1 996家，占全国的30.9%。河北省以总数322家村镇银行排名全国第五名。银监会于2007年在全国31个省级行政区推广设立村镇银行，但河北省自2008年6月第一家村镇银行——张北信达村镇银行成立，直到2010年河北省才再次成立6家村镇银行，截至2020年12月底，河北省村镇银行总共发展为322家，虽然比全国平均的208.5家和东部平均的225.9家多，但却远远少于排名前四名的平均499.0家的水平。在发展速度上也呈不同的状态，图3-5是2007—2020年各区域村镇银行营业机构数量。

表 3-7 2007—2020 年各区域村镇银行营业机构数量

(数量单位:家)

项目	2007	2008	2009	2010	2011	2012	2013	2014	2015	2016	2017	2018	2019	2020	排名
河南	0	2	9	24	61	104	174	252	318	398	480	540	602	650	1
山东	0	2	2	11	39	88	141	218	310	393	461	517	561	614	2
浙江	0	5	14	29	70	105	162	216	263	297	319	345	365	392	3
安徽	0	2	5	21	43	66	106	158	205	248	275	296	316	340	4
前四名平均	0.0	2.8	7.5	21.3	53.3	90.8	145.8	211.0	274.0	334.0	383.8	424.5	461.0	499.0	
河北	0	1	1	7	21	25	60	104	149	205	262	287	311	322	5
东部平均	0.0	2.3	5.4	15.4	30.9	48.5	75.3	110.3	141.6	165.7	185.2	201.0	213.4	225.9	
全国平均	0.5	3.0	5.9	14.7	29.2	45.6	69.5	98.3	125.8	149.4	168.4	183.5	197.2	208.5	

资料来源:根据银监会网站提供的村镇银行金融许可证在线查询整理。

第二部分 制度演进与发展现状

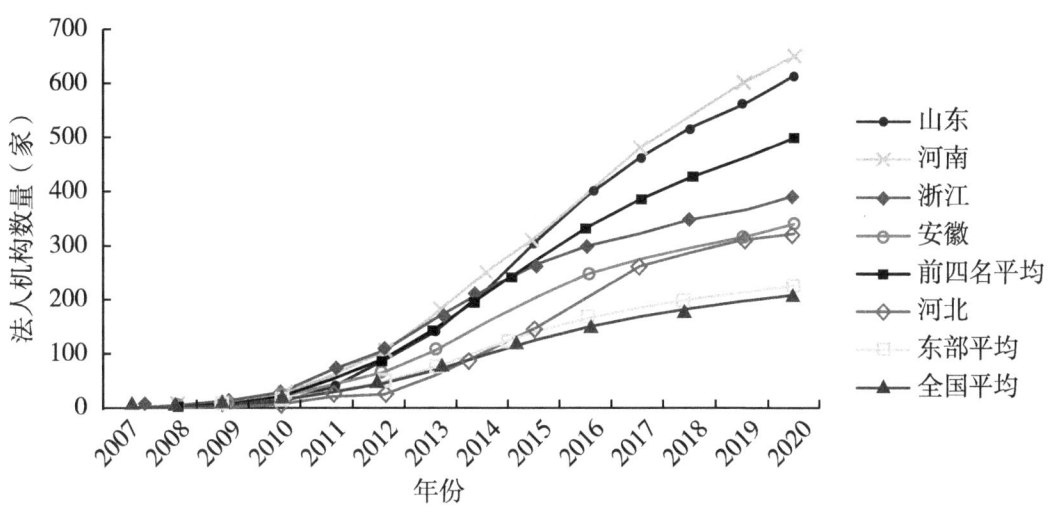

图 3-5 2007—2020 年河北省与各区域村镇银行法人机构数量比较

(资料来源：根据银监会网站提供的村镇银行金融许可证在线查询整理)

由图 3-5 可知，从 2008 年到 2013 年 12 月底河北距离全国发展最为迅速的前四个省区差距较远，每年的累计数量不仅从未达到东部平均水平，而且距离全国的平均水平也有一定的差距。到 2014 年村镇银行开始较为迅速的上升，由 2013 年 12 月底的 60 家上升到 2020 年 12 月底的 322 家，年均增速达到 62.4%。从 2015 年 12 月底开始，河北省村镇银行累计数量已经超过了全国平均甚至超过东部平均的水平，达到一个相对较快的增速，到 2020 年 12 月底达到 322 家，已经超过全国平均和东部平均的水平，分别超过 113.5 家和 96.1 家，但与全国排名前四省的村镇银行的平均数量相比，增速处于相对较缓的水平，比四省的平均水平少 177 家。

3.2.2 机构设立偏重县及县以下区域

根据《村镇银行管理暂行规定》，村镇银行是在农村地区设立的主要为当地农民、农业和农村经济发展提供金融服务的银行业金融机构。这里所称农村地区，是指中西部、东北和海南省县（市）及县（市）以下地区，以及其他省（区、市）的国定贫困县、省定贫困县及县以下地区。因此，除了辽宁省和海南省，包括河北省在内的东部地区应该将村镇银行设立区域重点定在国定贫困县和省定贫困县及县以下地区。以村镇银行各总行、支行在银监会颁发的金融许可证上登记的营业场所所在行政区域作为其设立区域，图 3-6 是 2020 年 12 月底河北、全国及东部地区村镇银行设立区域在各级行政单位占比。由图 3-6 可知，尽管按照银监会的规定，东部地区应把设立区域重点定在国定贫困县和省定贫困县及县以下地区，但全国和东部地区在各级行政区设立村镇银行的数量比例相差不大。全国和东部地区在乡镇设立的村镇银行比较多，比例分别为 43.53% 和 40.56%，再加上在村设立的村镇银行，全国和东部地区分别有 49.38% 和 48.71%，有近一半的村镇银行设立在乡镇及乡镇以下地区。河北省村镇银行在乡镇设立的占 35.71%，少于全国和东部地区，但在村设立的比例为 25.78%，远远高于全国和东部地区的平均水平，分别高出 19.93 个和 17.63 个百分点；河北省在县设立的村镇银行所占比例为 20.19%，比例高于全国和东部地区，分别高出 3.62 个和 5.36 个百分点，使河北省在县及县以下地区设立的村镇银行比例达 81.68%，远比全国和东部地区的高，分别高出 15.73 个和 18.14 个百分点。这说明河北省对村镇银行区域设立政策的落实效果相较其他地区高。

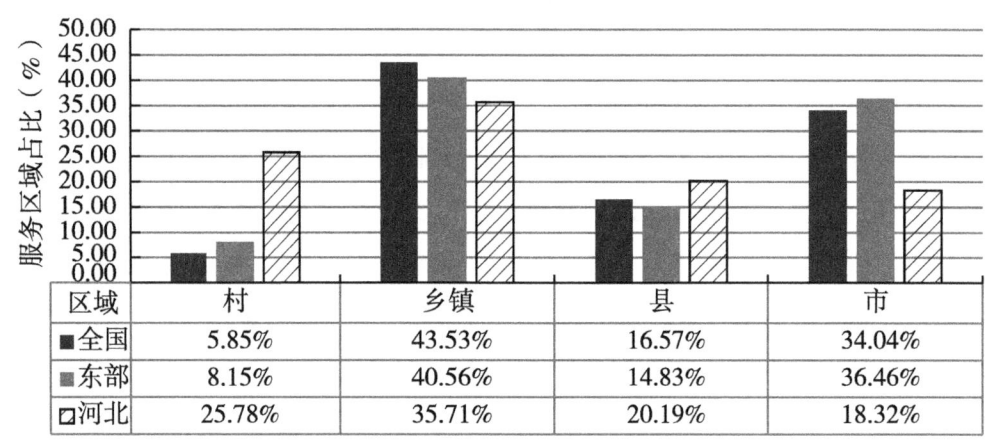

图 3-6 2020 年 12 月底河北、全国及东部地区村镇银行设立区域在各级行政单位占比

（资料来源：根据银监会网站提供的村镇银行金融许可证在线查询整理）

3.2.3 注册资本规模处于较低水平

《村镇银行管理暂行规定》中明确规定在县（市）设立的村镇银行，其注册资本不得低于 300 万元人民币；在乡（镇）设立的村镇银行，其注册资本不得低于 100 万元人民币。截至 2020 年 12 月底，全国村镇银行均超过了 300 万元准入门槛，最高达 18.3 亿元，最低 600 万元，河北省村镇银行最高注册资本额为 10 亿元。表 3-8 是至 2020 年 12 月底河北、全国及东中西部村镇银行注册资本对比。

表 3-8 河北、全国及东中西部村镇银行注册资本对比

项目	最大值（万元）	最小值（万元）	平均值（万元）	总值（万元）	数量（家）
全国	183 000	600	8 757.17	14 335 482.85	1 637
东部	183 000	1 000	11 357.42	7 098 389.89	625
中部	112 270	600	7 035.43	3 735 815.17	531
西部	60 900	1 500	7 285.40	3 504 277.8	481
河北	100 000	2 000	6 557.99	721 379	110

资料来源：根据银监会网站提供的村镇银行金融许可证在线查询整理。

由表 3-8 可以看出，河北省村镇银行注册资本规模处于较低水平。从最大值上看，河北省村镇银行注册资本规模的最大值是 100 000 万元，比设立在东部的全国最大值少 83 000 万元，甚至比设立在中部地区的最大值还少 12 270 万元。从平均值上看，河北省 110 家村镇银行总行平均注册资本 6 557.99 万元，远远低于全国 1 637 家村镇银行总行和东部地区 625 家村镇银行总行的平均注册资本，分别低 2 199.18 万元和 4 799.43 万元；比处于不发达地区的中部 531 家和西部 481 家村镇银行总行的平均注册资本分别低 477.44 万元和 727.41 万元。从村镇银行注册资本分段占比来看，河北省 84.54% 的村镇银行注册资本在 10 000 万元以下。图 3-7 是河北、全国及东部地区村镇银行注册资本分段占比。

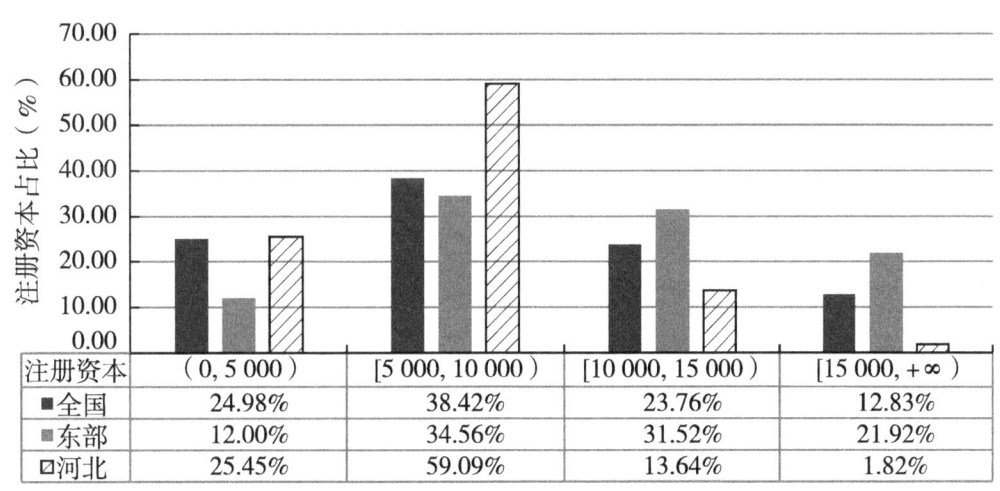

图 3-7 河北、全国及东部地区村镇银行注册资本分段占比

（资料来源：根据银监会网站提供的村镇银行金融许可证在线查询整理）

由图 3-7 可知，河北省村镇银行注册资本规模处于相对较低水平。注册资本处

于水平较低区间（0，10 000）的村镇银行，河北省有93家，占比达到84.55%，分别高于全国和东部地区21.15个和37.99个百分点；注册资本处于水平较高区间[10 000，15 000）的村镇银行，河北省有15家，占比分别比全国和东部低出10.12个和17.88个百分点；注册资本大于包括15 000万元的村镇银行，在全国1 637家和东部地区625家中分别达到210家和137家，而河北省只有2家，占比远远低于全国和东部，分别低11.01个和20.10个百分点。造成河北省村镇银行平均注册资本规模较低的原因，很大程度上在于河北省村镇银行的主发起行60%来自资本规模相对较小的农村商业银行。

3.2.4 主发起人偏重农村商业银行

《村镇银行管理暂行规定》中明确规定发起人或出资人中应至少有1家银行业金融机构；村镇银行最大股东或唯一股东必须是银行业金融机构。这两条细则使得村镇银行的主发起行必须是银行业金融机构。虽然国务院在2010年5月发布的《国务院关于鼓励和引导民间投资健康发展的若干意见》，提出"鼓励民间资本发起或参与设立村镇银行、贷款公司、农村资金互助社等金融机构，放宽村镇银行或社区银行中法人银行最低出资比例的限制"的意见，但因各方面原因而落实困难，导致了截至2020年12月底全国仅有一家由企业法人和自然人发起设立的村镇银行——河南周口市扶沟郑银村镇银行（2015年）。因此，除了这一家，全国村镇银行主发起人还主要是银行业金融机构，主要包括6大类：农村商业银行（包括农村合作银行和农村信用合作社）、股份制商业银行、国有商业银行、城市商业银行、外资银行、政策性银行。城市商业银行前身是城市信用合作社：1995年初部分地级城市在城市信用社基础上组建了城市商业银行，同年3月，中国人民银行下发《关于进一步加强城市信用社管理的通知》，以文件形式明确："在全国的城市合作银行组建工作过程中，不再批准设立新的城市信用社"；1998年10月，国务院办公厅转发中国人民银行《整顿城市信用合作社工作方案》，要求各地按照有关文件对城市信用社及联社进行规范改造或改制；2005年11月，中国银监会同多部门联合制定并发布了《关于进一步推进城市信用社整顿工作的意见》，提出推进被撤销和停业整顿城市信用社的市场退出工作等要求；2012年3月，全国最后一家城市信用社宁波象山县绿叶城市信用社，改制为城市商业银行，城市信用社正式退出了历史舞台。图3-8是河北、全国及东部地区村镇银行主发起行类型及其占比。

由图3-8可知，河北省村镇银行的主发起行中资本规模相对较低的农村商业银行所占比例最高，占比达到一半以上，分别高出全国和东部9.86个和5.93个百分点；所占比例排名第二的是城市商业银行，3个区域所占比例相差不大；所占比例排名三到第五的分别是资本规模相对较高的国有商业银行、股份制商业银行和外资银行，在这三者所占比例中，河北省均远远低于全国和东部水平，三者所占比例之和分别比全国和东部低10.77个和9.91个百分点。这一主发起行所占比例的差异是导致河北省村镇银行平均注册资本较低的原因之一。

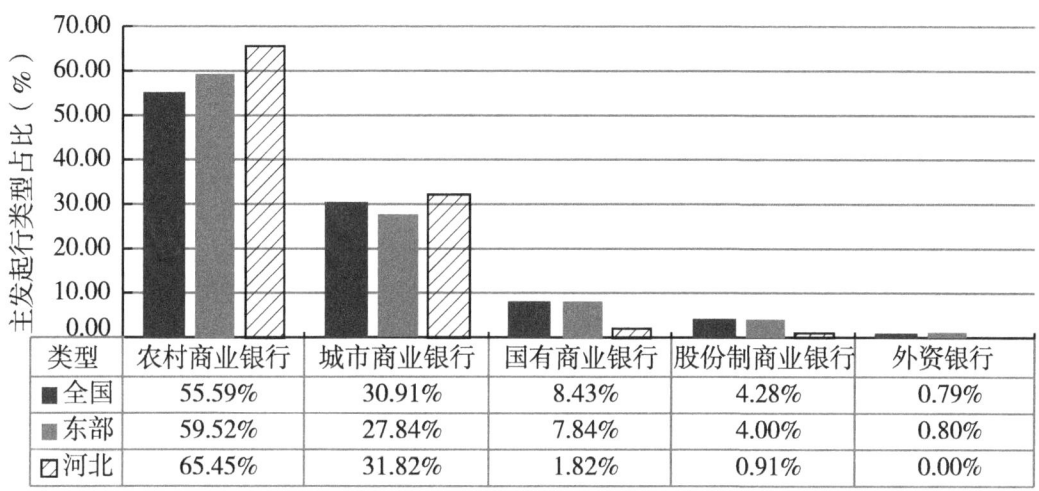

图3-8 河北、全国及东部地区村镇银行主发起行类型及其占比

（资料来源：根据银监会网站提供的村镇银行金融许可证在线查询整理）

3.2.5 第一大股东持股比例在50%以上的股权结构明显

2007年1月中国银监会出台的《村镇银行管理暂行规定》，指出村镇银行的最大或者唯一的股东必须是银行业金融机构，且最大银行业金融机构的持股比例不得低于村镇银行股本总额的20%；2012年5月银监会公布《关于鼓励和引导民间资本进入银行业的实施意见》中，提出支持民间资本参与村镇银行发起设立或增资扩股，并将村镇银行主发起行的最低持股比例由20%降低到15%。图3-9为全国、东部和河北省村镇银行主发起行持股比例分段占比。图中 x 代表全国村镇银行主发起者对村镇银行的持股比例，主发起者的持股比例 x 被分为4个区间，分别为 $15\% \leqslant x < 20\%$、$20\% \leqslant x < 50\%$、$50\% \leqslant x < 100\%$、$x = 100\%$。

由图3-9可知，河北省村镇银行主发起行持股比例在[50%，100%)区间所占比重最大，高达65.45%，加上主发起行全资设立村镇银行所占的比重，河北省共有 73.63% 的村镇银行主发起行处于绝对控股状态。河北省主发起行持股比例在 50% 以上的村镇银行所占比重分别高出全国和东部地区 13.89 个和 12.10 个百分点，河北省区域内的主发起行全资成立的村镇银行比重达到 8.18%，是东部地区的 3.20 倍，比全国高出 5.18 个百分点。河北省村镇银行主发起行的持股比例在［15%，20%）的占 0.91%。主发起行持股比例在［20%，50%）区间的村镇银行在河北省相对较低，比全国和东部地区所占比重分别低 12.23 个和 11.57 个百分点。相对全国和东部地区，河北省村镇银行主发起行持股比例较高，不利于吸收当地民营资本参与当地资金的流动，本地化程度较低，同时，主发起行较高的股权存在着主发起行独揽大权的风险。

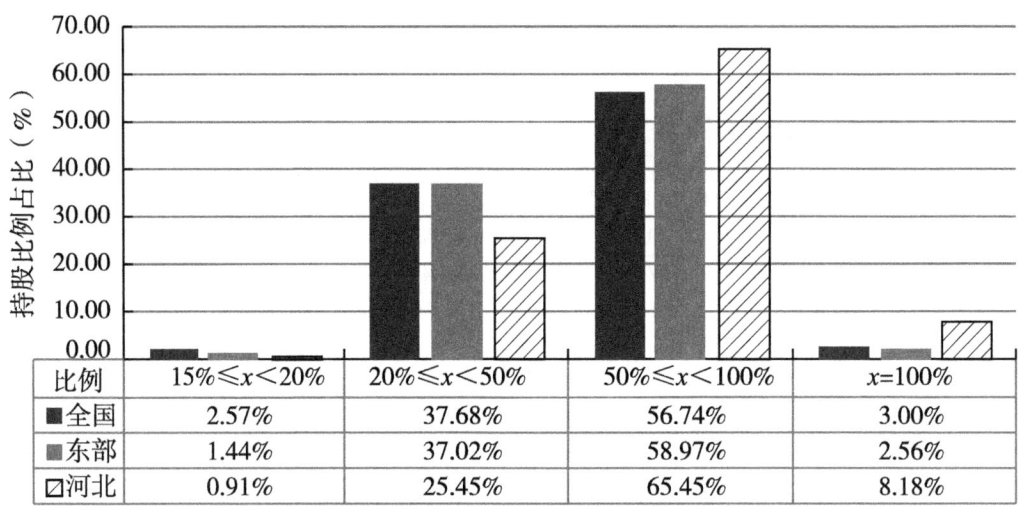

图 3-9　河北、全国及东部地区村镇银行主发起行持股比例分段占比

注：本图统计数据不包括未公开持股比例的村镇银行：全国共 5 家，其中安徽 2 家、甘肃 1 家、广西 1 家、天津 1 家。

（资料来源：根据银监会网站提供的村镇银行金融许可证在线查询整理）

第三部分

效果评价

4 河北省村镇银行发展效果评价
——金融科技应用水平

4.1 河北省村镇银行金融科技应用的必要性

(1) 满足客户需求变化的需要

近几年来,随着互联网和金融科技的迅速发展,客户的消费偏好、行为习惯以及对金融的认知观念发生了巨大变化。吴昊等(2015)对互联网金融环境下的客户行为进行分析,认为目前客户对于传统网点的黏性下降,客户对互联网平台的依赖渐渐割裂了传统网点与客户的黏性关系,客户更多需要的是定制化、个性化、快捷便利的线上服务。客户行为的转变必将引起金融机构的变革,互联网金融平台的日新月异以及金融产品的快速更迭给传统金融机构带来了极大的挑战,尤其是目前为农民提供的业务品种单一、办理手续烦琐复杂的金融服务,已经无法满足农村弱势群体的金融需求。以大数据、云计算、人工智能和区块链为代表的金融科技,为解决村镇银行面临的业务需求与服务不对称的矛盾提供了新思路。村镇银行要利用好网点覆盖面广以及线下人工"一对一"服务的优势,抓住金融科技改革的机遇,利用互联网平台发展积累的大量客户数据,通过数据挖掘技术对客户的金融需求、行为模式和风险偏好进行分析整合,实现产品的差异化营销和个性化营销,这将为村镇银行面临的大量农民客户和小微群体提供特色服务。

(2) 提高市场竞争力的需要

近年来,随着乡村振兴战略的推进,各大金融机构纷纷进军农村金融市场,推出了各式各样的农村金融产品。例如,中国建设银行为提高其在县域乡村的获客能力,搭建"裕农通"平台,在连接农村客户的同时将金融服务和产品输入到农村。大型商业银行拓宽农村金融业务,虽然有利于农民,但对于作为同行业的竞争者——村镇银行来讲,其生存空间进一步被压缩,面临着"夹缝中求生存"的困境。同时,以京东金融、百度钱包和蚂蚁金融为首的互联网金融科技公司不断扩大市场业务,打造了一批线上"类银行"的金融科技公司,给传统银行业带来了巨大的冲击。

2020年胡润全球独角兽排行榜列出了全球成立于2000年之后、价值10亿美元以上的非上市公司，有63家金融科技公司入榜，其中蚂蚁集团以1万亿元估值，作为金融科技行业的代表者，蝉联第一。图4-1是2020年胡润全球独角兽企业主要分布行业。

由图4-1可知，金融科技领域以63家上榜企业数量与第二名人工智能企业数量持平。金融科技公司的日益壮大在冲击传统银行业的同时，也为金融机构带来机遇，各大商业银行积极推动与金融科技公司的合作共赢，在一定程度上使新型农村金融机构的生存空间进一步缩小。村镇银行面临恶劣的竞争环境，应该积极拥抱金融科技重塑金融业的新时代，借助金融科技的力量实现自身转型。

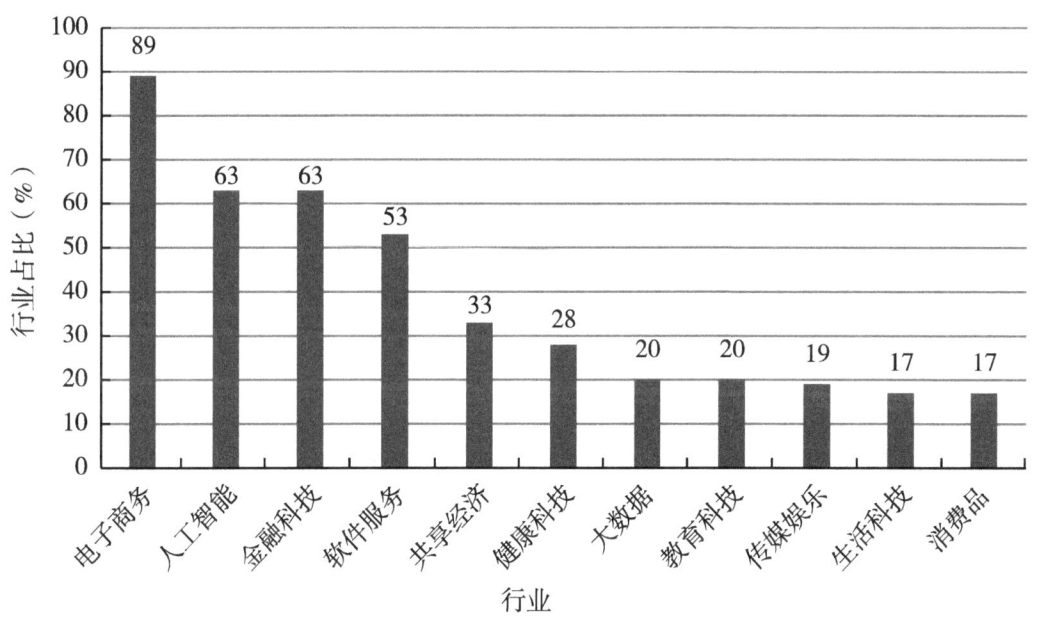

图4-1 2020年胡润全球独角兽企业主要分布行业

（资料来源：胡润研究院、中商产业研究院整理）

（3）促进村镇银行回归初衷的需要

当前，全国人口中只有30%的居民在央行的征信体系中有相关信用记录，金融机构主要依赖央行征信中心相关数据提供信贷等金融服务，大量长尾客户无法享受到普惠金融服务，而长尾客户中大部分是农村居民。虽然村镇银行县域覆盖率已经达到71%，但由于农民收入不稳定、贷款无担保、信用度低，造成村镇银行提供服务的成本高，导致了其脱农离小。村镇银行为了实现回归初衷扶正自身"支农支小"的定位，需要利用金融科技，使服务数字化、线上化，降低服务县域顾客成本，提高村镇银行"支农支小"的积极性。

（4）适应多发性金融风险的需要

新兴技术的兴起在给金融机构带来机遇的同时也带来了挑战。金融科技的应用使得金融风险更具有隐蔽性，在传统的金融风险基础上又增加了新兴技术型风险。《金融科技（FinTech）发展规划（2019—2021年）》明确了金融业务进行安全风险防范的重要性和加强监管的必要性，并指出要在提升科技水平的同时，建立起全面的风险管理体系，树立风险管理理念，切实做好风险的识别、计量、检测和控制，将风险控制在可控范围之内。

另外，运用金融科技手段，依托大数据基础构建风险量化评估模型，对风险进行有效甄别，能够更加深入、准确地了解客户，降低信息不对称的风险。为了适应新时代的多发性金融风险，村镇银行必须提升其金融科技应用水平，将金融科技产品应用到各个业务流程和风险管理中，提高自身的风险防控能力。

4.2　河北省村镇银行发展的金融科技应用现状——基于54家村镇银行的调研

4.2.1 调查说明

（1）调查内容

受2020年初新冠肺炎疫情的影响，本次调研方式为线上发放问卷，再进行回收统计。共回收问卷142份，其中有效问卷108份，占所有问卷的76.06%。调查内容共包括6个部分。第一，个人对金融科技的看法，主要采集被调查人员对金融科技目前的发展现状及未来发展趋势的看法和意见。第二，村镇银行应用金融科技的状况，对被调查者所在的村镇银行进行金融科技应用状况的数据采集。第三，金融科技团队状况，对村镇银行的金融科技相关部门的信息进行收集，主要包括成员组成、运营方式、薪资待遇以及专业对口性等。第四，金融科技未来建设方向，根据村镇银行目前的发展以及未来的规划，预测其未来的金融科技建设走向。第五，区域特色及优劣势，对村镇银行目前所处的金融市场的竞争以及优劣势信息进行收集。第六，新冠肺炎疫情等环境的变化对村镇银行及金融科技应用的影响。线上办公越来越成为主流，对于村镇银行未来的发展方向，管理者势必会考虑金融科技的价值所在，因此增加了此部分的调查研究。

（2）调查范围及对象分析

调查范围为河北省的村镇银行，有效填写的人员构成为：职员占比为83.33%，中层领导为15.74%，高级领导层为0.93%，基本符合目前村镇银行的职能组织架构，具有说服力。全省共有村镇银行总行103家，本调查问卷经筛选整理后，共包含村镇银行54家，占全省的52.43%。

从地理分析看，村镇银行实现了河北省所有地级市全覆盖，其中最多的是保定市，达到9家；最少的是唐山市、秦皇岛市和承德市均为2~3家。主要是由于河北省北部的人口密度相对于中部和南部较小，气候条件、土地条件较为恶劣，因此机构网点分布较少。

4.2.2 金融科技应用的相关投入资源分析

（1）科技资金投入情况

科技资金的投入关系着金融科技的发展，充足的资金准备必然会使得金融科技发展更为顺畅。在对村镇银行科技资金投入的调查中发现，河北省村镇银行整体对科技资金的投入规模较小。图4-2是科技资金投入占本年利润的比例。

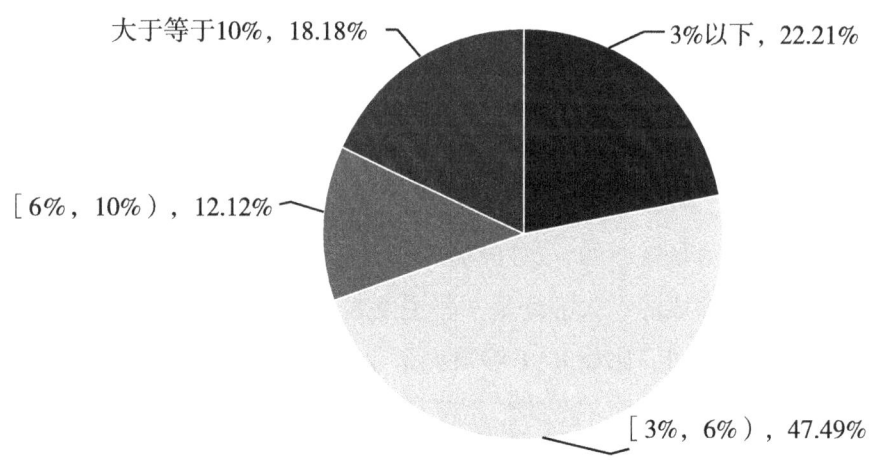

图4-2 科技资金投入占本年利润的比例

由图4-2可知，69.70%的被调查者表示本行每年投入的科技资金占本年利润的6%以下，其中还包括智能设备和平台的整年维护费用；18.18%的被调查者表示本行金融科技资金的投入达到年利润的10%以上，较高的资金投入，为村镇银行提高金融科技水平提供了一定保障；科技资金投入占本行本年利润在3%~6%比例的占比47.49%，接近一半，而一定的科技资金投入仅能使其在一定程度上适应金融科技改革的浪潮，金融科技所需的设备或产品难以得到重视，说明村镇银行在金融科技建设方面呈"随大流"现象。

（2）科技团队搭建情况

金融科技团队作为科技部门的主要创新和运营管理者，对其技术及经验有很高的要求。通过对河北省村镇银行从业人员的调查发现，目前只有40%左右的村镇银行拥有专业的金融科技团队，其余的一部分有金融科技人才，但是还并未成一定规模，暂时归属其他部门，另一部分没有配备金融科技人才，日常维护主要依靠与其合作的金融科技公司。另外，对于拥有金融科技团队的机构，金融科技岗位人员的学历水平普遍高于其他岗位，本科人员占75.76%以上，高层次人才（硕士学历及以上）占12.12%左右，并且专业对口性较强，其中80%以上的从业人员是软件编程和计算机网络、编程专业等，其余为金融、管理等专业。

4.2.3 金融科技应用方式分析

3/4以上的村镇银行已经在积极进行提升自身金融科技水平的实践，其中80%以上已经将提升金融科技水平上升到银行未来发展战略，并出台了一系列的规划方案。由于金融科技的复杂性、专业性，导致发展过程中会耗费大量的人力物力，因此寻求什么样方式来提升自身的金融科技水平是各村镇银行要首先考虑的问题。图4-3为村镇银行金融科技应用方式分类。

由图4-3可知，48.08%的被调查者表示本机构的金融科技平台是借助第三方金融科技公司的力量搭建的；23.08%的被调查者表示其金融科技平台是在主发起行的帮助下搭建完成的，大部分是一些主发起行具有自建的金融科技子公司或者与大型金融科技公司，比如BAT等顶尖企业合作，同时为自家村镇银行提供金融科技服务；还有21.15%的被调查者表示本机构拥有自建的金融科技平台，这一部分主要是在当地有一定的市场占有率，业务能力较强且收益率较高；还有不到10%的被调查者表示本机构是通过与其他大型商业银行合作或者其他方式来搭建金融科技平台。

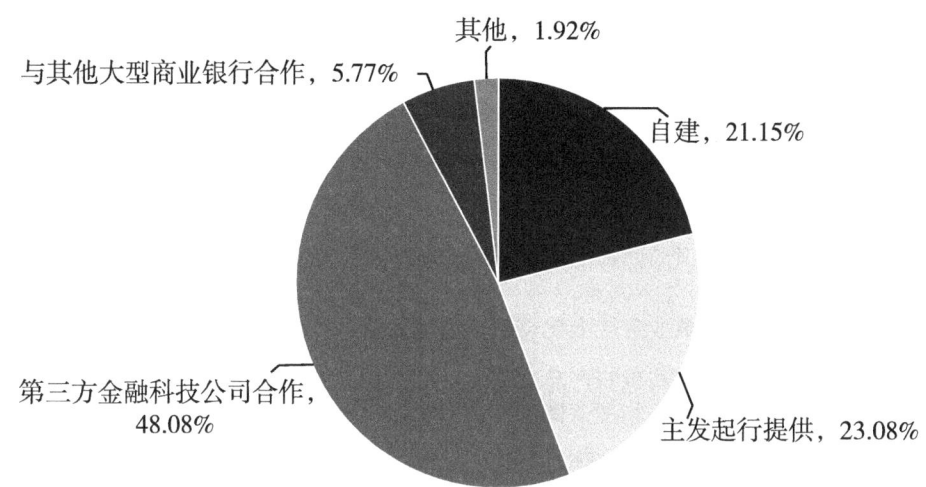

图 4-3 村镇银行金融科技应用方式分类

4.2.4 金融科技应用相关产品分析

通过对金融科技应用的概念界定，从大数据金融、人工智能金融、区块链金融和量化金融4个部分对其产品进行分类。大数据金融包括数据的获取、整理、分析和可视化，涉及的方面较多，如线上贷款、网上银行、手机银行以及精准营销都涉及大数据金融；人工智能金融通过识别装置减少风险的同时，对数据进行智能分析，做出预测，如线上信贷、手机银行、网上优惠商城和智能柜员机等；区块链金融主要利用区块链技术的不可擦除性、去中心化，对交易流程进行永久记录，减少交易过程中的费用，如智慧平台、手机银行等。图4-4为村镇银行金融科技应用相关产品统计。

由图4-4可知，71.95%的被调查者表示其所在行已经建设了手机银行和网上银行，方便客户的基础业务办理，但只有30.49%的被调查者表示其通过线上银行开通了线上生活服务和网上优惠商城，说明其余大部分金融机构只是"有"手机银行和网上银行，其功能性偏弱，内容并不丰富；接近40%的被调查者表示目前已经开始利用大数据技术对产品创新进行分析，同时对客户行为和习惯进行大数据计算，以便实现精准化营销；智能柜员机的引进大大降低了人工窗口的业务压力，但从调查情况来看，只有1/3左右的村镇银行配备了智能柜员机，另外2/3的村镇银行未配备智能柜员机，究其原因主要有两个：一是业务较少，出现客户排队等待的情况很少；二是盈利能力有限，没有多余资金配备昂贵的金融科技产品；还有1/4

左右的被调查者所在行将贷款业务线上化,减少贷款业务办理流程,同时利用大数据提升其风险防控能力,其余3/4左右的被调查者表示本行没有涉及贷款方面的原因在于,金融科技虽然方便,但是所带来的金融风险也随之增大,银行目前尚无应对金融科技风险的能力。

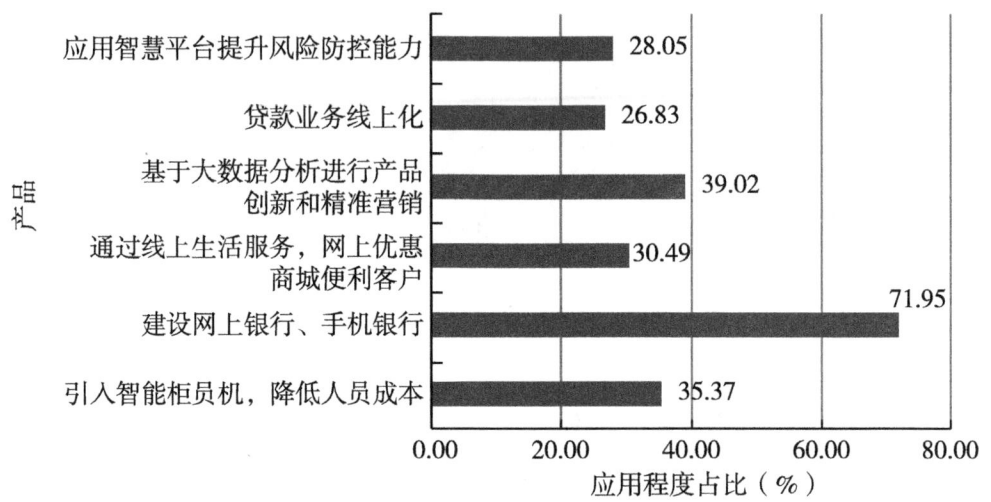

图 4-4　金融科技应用相关产品

由此可见,目前数据金融、智能金融、区块链金融已经贯穿到每一个金融产品和金融服务的流程中,每一款产品都是科技综合运用的产物,因此无法将它们按照科技应用准确地分类分析,只能从产品的角度单独分析。

4.2.5　员工对金融科技应用的需求分析

金融科技的应用简化了金融科技的业务流程,提升了业务办理速度,但是也存在着金融科技产品与金融需求不匹配的问题。对于金融科技的应用产品接触最多的仍然是基层员工,在调查中发现,员工对于金融科技产品的应用情况和匹配程度最为熟悉,因此在提升金融科技应用水平过程中,应重视员工的意见,提高金融科技应用与金融市场需求的匹配度。对于未来的金融科技应用范围共分为6个方面,分别是网络化办公、客户线上生活服务、场景服务、金融风险防控、数据的整理与筛选、其他。图4-5为新冠肺炎疫情对村镇银行金融科技应用需求的影响。

由图4-5可知,60%以上的从业人员对提升客户线上生活服务水平、深化网络型办公环境、提高风险防控能力和加强数据的整理和筛选方面表示期待,只有场景服务方面的提升占比相对低一些。但从整体来看,大部分被调查者看好未来金融科技应用前景，各项的支持者均超过了半数，因此，员工们对未来金融科技应用仍有较大需求。

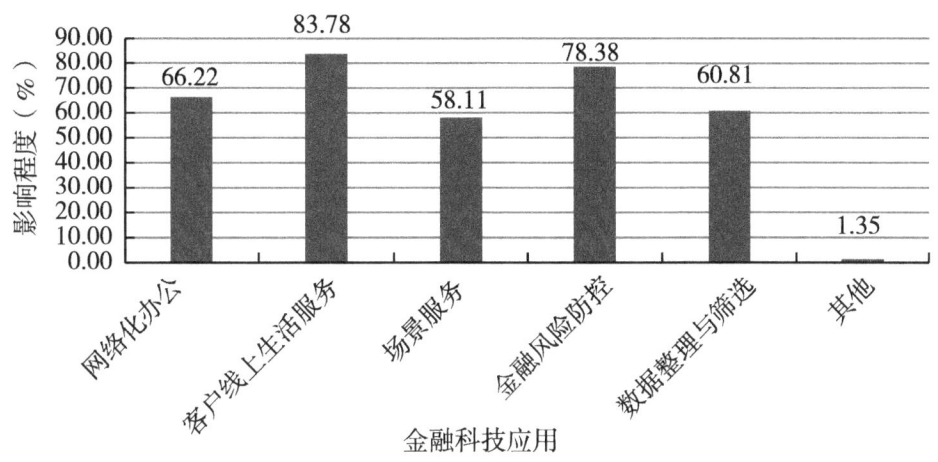

图 4-5　新冠肺炎疫情对村镇银行金融科技应用需求的影响

4.3　河北省村镇银行发展的金融科技应用水平评价实证分析

4.3.1　金融科技应用水平评价指标体系的构建

（1）相关文献梳理

早在 2006 年，王小燕（2006）就提出了打造智能平台的构想，包括业务、决策和风险防范 3 个方面。苏小松等（2014）在研究科技型小微企业的融资途径过程中，把资金投入和科研人员占比作为科技要素的解释变量。辛文博等（2017）在探究银行营业网点转型的过程中，发现网点内的智能设备数量直接影响银行金融科技的水平。巩丽然（2018）、汪宜香等（2020）采用对网络关键词的文本挖掘法，分别对我国金融科技发展指数和金融科技水平进行测定。孟娜娜等（2020）采用北京大学数字金融研究中心的数字普惠金融指数作为反映各省份金融科技水平的代理指标，利用地区覆盖广度、使用深度和数字支持服务程度 3 个维度构建金融科技水平指标体系。姜世超等（2020）通过对单个银行的渠道覆盖度、产品使用度和业务支持度 3 个方面建立金融科技发展水平指标体系，得出该银行 3 年的金融科技水平指数。赵晓璇（2020）在研究金融科技对商业银行的影响绩效时，同样采用文本挖掘法评测商业银行的金融科技水平,即将商业银行年报中与金融科技相关词汇的出现次数作为商业银行的金融科技水平。

总之,学术界已经分别从不同的主体对金融科技水平进行测度,例如,国家、各省市、某机构等,但对于某个省份里一类金融机构的金融科技应用水平评价研究还处于空白,同时通过文本挖掘技术对热度词汇的分析得出金融机构的金融科技水平程度,过于单一,无法代表银行金融科技真实的综合水平。

(2) 指标体系的确定

在参考学术界最新研究成果的基础上,结合村镇银行的特殊性,提出利用村镇银行采用的智能设备和平台数量来评价各银行的金融科技应用水平,采取的智能设备种类和平台搭建数量越多,说明该村镇银行的金融科技使用率越高,代表其金融科技应用水平越高。村镇银行的金融科技应用水平是由该银行目前所拥有或建设的智能设备配备、智能业务平台以及智能风险防控平台决定。具体将一级指标设置为基础资源、智能设备配备、智能业务平台和智能风险防控平台4个方面,二级指标为每一个维度下的具体项目和产品。表4-1是衡量金融科技应用水平的指标体系。

表4-1 衡量金融科技应用水平的指标体系

具体维度	具体指标	指标符号	相关性方向
基础资源	资金投入	$X1$	+
	科技人员占比	$X2$	+
智能设备配备	智能柜员机	$X3$	+
	刷脸取款机	$X4$	+
	移动终端(OA)	$X5$	+
智能业务平台	手机银行	$X6$	+
	网上银行	$X7$	+
	网上优惠商城	$X8$	+
智能风险防控平台	大数据分析平台	$X9$	+
	综合风险防控平台	$X10$	+

基础资源是建设金融科技最基础的部分,包括资金和人员两个方面,对金融科技的投入资金决定着金融科技建设实施的顺利程度以及最终结果,而科技人员直接关系着金融科技的创新能力以及运营过程中的维护反应速度。

智能设备主要包括两个方面,一方面是机构网点内的便民设备,包括智能柜员机和取款机；另一方面是移动智能终端的配备情况，主要代表是 OA 移动终端。

智能平台包括智能业务平台和智能风险防控平台，既需要资金投入，也需要高水平的科技人才投入。智能业务平台是互联网大背景衍生出的产物，由手机银行、网上银行和网上优惠商城等共同组成，大大减轻了传统窗口业务的压力。智能风险防控平台以大数据为基础资源，以云计算和人工智能为技术依托，运用于授信审批、反欺诈等风控场景，可以提升风控效率和精度，降低风控成本，是集数据、模型、规则为一体的风控中枢。

4.3.2 金融科技应用水平评价方法的选择

对于水平测度的评价方法有很多，其关键是采用什么方法对指标赋权，一般分为两大类：主观赋权法和客观赋权法，主观赋权法主要包括层次分析法、专家打分法，其评价结果受到个人的主观影响较大；客观赋权法包括因子分析法、极差法和熵值法，主要采用无量纲化、归一化等。本书以数据中包含的信息熵大小作为基础进行赋权、综合分析和评价各位学者的研究方法，结合金融科技特点，采用综合分析法来评价河北省村镇银行金融科技应用水平。首先设定各指标的得分区间，计算各指标得分，然后采用主成分分析法确定各指标的权重，最后合成总分值。综合评价的分值不仅能反映出当前河北省村镇银行整体金融科技应用水平，同时也能看出各个机构之间的差距。

（1）单项指标赋值

金融科技应用水平评价指标由 4 个维度、12 个指标构成。每个指标都代表着该机构在此方面的应用情况，其中基础资源方面的资金投入分为 4 个阶段分别进行赋值，低于 3% 为 1，3%~6% 为 2，6%~15% 为 3，高于 15% 为 4；科技人员占比赋值在 10% 以下为 1，10%~20% 为 2，20%~30% 为 3，大于 30% 为 4；其余方面按照设备配备和平台搭建情况，赋值 0（无）和 1（有）。

（2）挑选主成分

金融科技的概念相对抽象，对于其水平的测度研究较少，本书从应用情况角度测度河北省村镇银行金融科技的水平，在借鉴相关学者的评价指标后，利用主成分分析法避免主观因素的干扰，挑选出对评价影响较大的成分，使用 SPSS 软件对河北省村镇银行金融科技应用水平进行主成分分析。

（3）数据标准化

数据标准化的常见方法有函数转换法、模糊量化法、熵权法和极差法。由于本书最后需要将数据映射到"0~1"区间上，因此采用归一化处理将数据标准化。

4.3.3 综合得分的计算

（1）信度和效度检验

选取调查问卷中数据作为指标数据，整理后运用 SPSS24.0 软件对数据进行效度和信度检验。结果如表 4-2 和表 4-3 所示。

表 4-2 效度检验

可靠性统计	
克隆巴赫 alpha	项数
0.643	10

表 4-3 信度检验

	KMO 取样适切性量数	0.629
巴特利特球形度检验	近似卡方	89.922
	自由度	45
	显著性	0.000

由表 4-2 可知，克隆巴赫 alpha 为 0.643，大于 0.6，认为数据具有可靠度。由表 4-3 可知，KMO 值为 0.629＞0.6，且巴特利特球形度检验的显著性为 0.00＜0.05，指标具有结构效度，适合做主成分分析。

（2）评价指标载荷的确定

利用 SPSS 软件得到矩阵的特征值和贡献率，结果如表 4-4 所示。

表 4-4 总方差解释

成分	初始特征值			提取载荷平方和		
	总计	方差百分比	累积（%）	总计	方差百分比	累积（%）
1	2.516	25.163	25.163	2.516	25.163	25.163
2	1.722	17.216	42.379	1.722	17.216	42.379
3	1.281	12.813	55.193	1.281	12.813	55.193
4	1.055	10.547	65.740	1.055	10.547	65.740
5	0.823	8.234	73.974			

(续表)

成分	初始特征值			提取载荷平方和		
	总计	方差百分比	累积（%）	总计	方差百分比	累积（%）
6	0.715	7.149	81.123			
7	0.620	6.203	87.326			
8	0.466	4.661	91.987			
9	0.437	4.375	96.362			
10	0.364	3.638	100.000			

由表4-4可知，相关系数矩阵的4个较大特征根所代表的相关因子已经能够代表原变量相关系数矩阵标准化方差的65.740%，说明通过4个主成分所代表的10个指标对金融科技应用水平进行测算已经能够保证具备65.740%的准确性。

为了便于对各主成分因子进行合理的解释，通过主成分分析对4个主成分得出合理的成分矩阵，如表4-5所示。

表4-5 成分矩阵

项目	成分			
	1	2	3	4
资金投入	0.682	-0.286	-0.125	0.402
科技人员占比	0.481	0.538	-0.030	-0.334
智能柜员机	0.198	0.387	0.503	0.469
刷脸取款机	0.073	0.732	-0.302	0.078
智能终端（OA）	0.457	-0.172	0.436	0.383
网上银行	0.268	-0.756	0.002	-0.300
网上优惠商城	0.573	0.244	0.237	-0.392
手机银行	0.652	-0.008	-0.531	-0.011
大数据平台	0.762	-0.066	-0.258	0.107
区块链风险防控平台	0.400	0.008	0.572	-0.392

(3) 权重的确定

为了使得金融科技应用水平的得分更加准确，通过主成分分析得出主成分的方差贡献率，再对各项指标在各主成分线性组合中的系数进行加权平均的归一化。首先确定系数，系数的值为每项指标的载荷数与对应特征根开方的比值。

$$y = \frac{\alpha}{\sqrt{\beta}} \quad (4.1)$$

其次，利用所求的指标系数确定主成分的方差贡献率。方差贡献率越大说明该主成分的重要性越强，因此方差贡献率的大小可看作相对应主成分的权重。计算结果如表4-6所示。

表4-6 主成分的方差贡献率

项目	指标	数值			
线性组合中的系数（y）	资金投入	0.43	-0.22	-0.11	0.39
	科技人员占比	0.73	0.41	-0.03	-0.33
	智能柜员机	0.23	0.60	0.44	0.75
	刷脸取款机	0.15	1.14	-0.27	0.08
	智能终端（OA）	1.17	-0.16	0.38	0.44
	网上银行	0.25	-0.71	0.00	-1.09
	网上优惠商城	1.15	0.19	0.21	-0.59
	手机银行	0.61	-0.01	-0.47	-0.38
	大数据平台	0.98	-0.10	-0.39	-0.02
	区块链风险防控平台	0.40	0.01	0.51	-0.38
主成分的方差贡献率（%）		25.16	17.21	12.81	10.55

由此得到4个主成分的线性组合如下：

$$F1 = 0.43X1 + 0.73X2 + 0.23X3 + 0.15X4 + 1.17X5 + 0.25X6 + 1.15X7 + 0.61X8 + 0.98X9 + 0.4X10 \quad (4.2)$$

$$F2 = -0.22X1 + 0.41X2 + 0.60X3 + 1.14X4 - 0.16X5 - 0.71X6 + 0.19X7 - 0.01X8 - 0.1X9 + 0.01X10 \quad (4.3)$$

$$F3 = -0.11X1 - 0.03X2 + 0.44X3 - 0.27X4 + 0.38X5 + 0.0X6 + 0.21X7 - 0.47X8 - 0.39X9 + 0.51X10 \quad (4.4)$$

$$F4 = 0.39X1 - 0.33X2 + 0.75X3 + 0.08X4 + 0.44X5 - 1.09X6 - 0.59X7 - 0.38X8 - 0.02X9 - 0.38X10 \quad (4.5)$$

最后，将指标权重归一化。由于所有指标的权重和为1，因此指标权重要在综合模型中指标系数的基础上进行归一化,如表 4-7 所示。

表 4-7 综合得分模型中的系数

指标	综合得分模型中的系数	权重
资金投入	0.15	0.03
科技人员占比	0.73	0.13
智能柜员机	0.23	0.04
刷脸取款机	0.15	0.03
智能终端（OA）	1.17	0.20
网上银行	0.25	0.04
网上优惠商城	1.15	0.20
手机银行	0.61	0.10
大数据平台	0.98	0.17
区块链风险防控平台	0.40	0.07

(4) 水平测度的计算

为了保证测度的准确性,将调查问卷中相同机构被调查者的问卷取平均值整合,使其能够代表本银行。因此,研究的样本对象为所调查的村镇银行,共 54 个样本数据,计算出每个样本最终的金融科技应用水平得分。其综合得分计算公式为:

$$Y = (0.03X1 + 0.13X2 + 0.04X3 + 0.03X4 + 0.20X5 + \\ 0.04X6 + 0.20X7 + 0.10X8 + 0.17X9 + 0.07X10) \times 10 \quad (4.6)$$

为了能够更好地看出调查对象之间的差距,将其得分均扩大 10 倍,利用 Excel 计算后,得出河北省村镇银行的金融科技应用水平,定义金融科技水平综合得分为 Y,为了更好地将其按照金融科技应用水平的高低来进行分类,将 Y 分为 3 个水平,即

$$Y \begin{cases} \leqslant 30, & 金融科技应用水平差 \\ 30 \sim 60, & 金融科技应用水平中等 \\ \geqslant 60, & 金融科技应用水平高 \end{cases}$$

根据式 (4.6) 计算河北省村镇银行金融科技应用水平综合得分,如表 4-8 所示。

表 4-8 河北省村镇银行金融科技应用水平综合得分

排名	村镇银行名称	得分（分）	排名	村镇银行名称	得分（分）
1	香河 ** 村镇银行	100.00	28	雄县 ** 村镇银行	32.03
2	河间 ** 村镇银行	87.50	29	武邑 ** 商村镇银行	31.25
3	邯郸 ** 村镇银行	87.50	30	保定 ** 村镇银行	30.86
4	阜城 ** 村镇银行	81.64	31	行唐 ** 村镇银行	30.86
5	永清 ** 村镇银行	79.69	32	大名 ** 村镇银行	30.86
6	宁晋 ** 村镇银行	78.52	33	阜平 ** 村镇银行	30.08
7	** 村镇银行	73.44	34	秦皇岛 ** 村镇银行	29.69
8	滦州 ** 村镇银行	70.31	35	任县 ** 村镇银行	28.91
9	大城 ** 村镇银行	62.89	36	青龙 ** 村镇银行	27.73
10	滦平 ** 村镇银行	61.33	37	沧州 ** 村镇银行	26.95
11	高碑店 ** 村镇银行	60.77	38	安新 ** 村镇银行	24.22
12	安国 ** 村镇银行	58.59	39	围场 ** 村镇银行	23.83
13	蔚县 ** 村镇银行	55.47	40	清河 ** 镇银行	22.66
14	故城 ** 村镇银行	55.08	41	乐亭 ** 村镇银行	22.66
15	昌黎 ** 村镇银行	48.44	42	肥乡 ** 村镇银行	21.88
16	张家口 ** 村镇银行	47.66	43	饶阳 ** 村镇银行	21.48
17	赤城 ** 村镇银行	47.66	44	隆尧 ** 村镇银行	21.48
18	张北 ** 村镇银行	47.27	45	孟村 ** 村镇银行	19.53
19	容城 ** 村镇银行	43.36	46	廊坊市 ** 村镇银行	17.58
20	涿州 ** 村镇银行	41.41	47	崇礼 ** 村镇银行	15.63
21	威县 ** 村镇银行	40.23	48	任丘 ** 村镇银行	15.63
22	保定 ** 村镇银行	39.06	49	** 村镇银行	14.45
23	沙河 ** 村镇银行	36.33	50	赞皇 ** 村镇银行	14.45
24	承德 ** 村镇银行	34.38	51	柏乡 ** 村镇银行	13.28
25	廊坊 ** 村镇银行	34.38	52	怀来 ** 村镇银行	10.55
26	石家庄 ** 村镇银行	32.81	53	巨鹿 ** 村镇银行	9.38
27	沧县 ** 村镇银行	32.81	54	宣化 ** 村镇银行	9.38

由表 4-8 可以看出，河北省村镇银行金融科技应用水平相差悬殊，综合得分最高的是香河 ** 村镇银行，达 100 分，比处于第二的河间 ** 村镇银行综合得分高达

12.50 分，而处于综合得分最低的是宣化 ** 村镇银行，得分只有 9.38 分，与最高的相差了 10 倍多。

4.4 结　　论

4.4.1 村镇银行金融科技应用水平高低不均，智能平台建设是显著的影响因素

河北省村镇银行金融科技应用水平处于高、中、低 3 个状态，图 4-6 为村镇银行金融科技应用水平高、中、低占比统计。

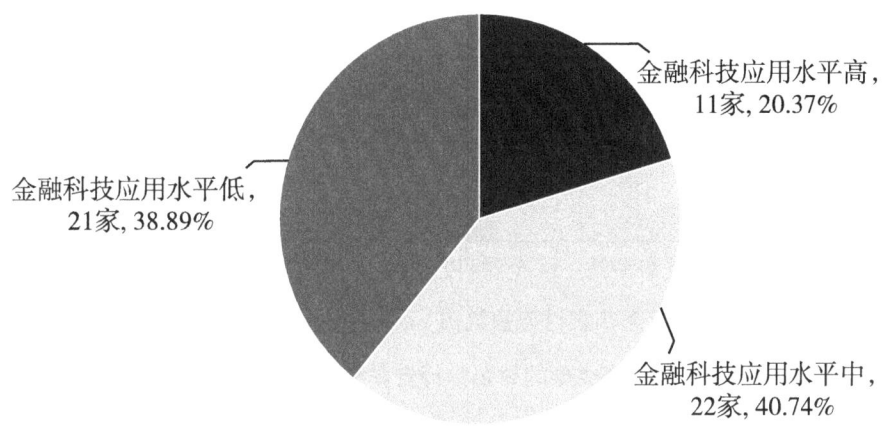

图 4-6　村镇银行金融科技应用水平高、中、低占比统计

由图 4-6 可知，有 43 家村镇银行金融科技应用水平处于中等级以下，占比达 79.63%，这部分村镇银行的智能设备和平台建设主要包括智能柜员机的配备、手机银行和网上银行的平台搭建，拥有智能风险防控平台的机构仅有两家，且均为大数据平台；金融科技应用水平高的村镇银行为 11 家，占所有调查对象的 1/5 以上，其主要特点是至少采取了一种智能风险防控平台建设，其中有 1 家村镇银行同时配备了 2 个智能风险防控平台，因此得分也最高。

因此，智能平台对于村镇银行金融科技应用水平影响较大，究其原因主要在于平台的搭建有助于整合商业银行数据、科技和人才资源。因此，在未来提升金融科技应用水平的措施中应重视智能平台的搭建，同时注意到建设智能平台相对其他投入具有技术含量高、投入资本大和见效慢的特性，商业银行应结合自身资金、技

术、人才实力合理布局智能平台的建设。

4.4.2 非农村商业银行发起的村镇银行金融科技应用水平高

董晓林等（2014）在研究江苏省村镇银行的经营绩效与主发起行类型、设立取址的关系时，把村镇银行分为两大类，即主发起行为农村金融机构（包括农村商业银行、农村合作银行、农村信用社）和非农村金融机构（包括国有大型商业银行、股份制银行、城市商业银行、外资银行）。不同类型发起行发起的村镇银行金融科技应用水平不同，图4-7为不同类型的村镇银行金融科技应用水平数量统计。

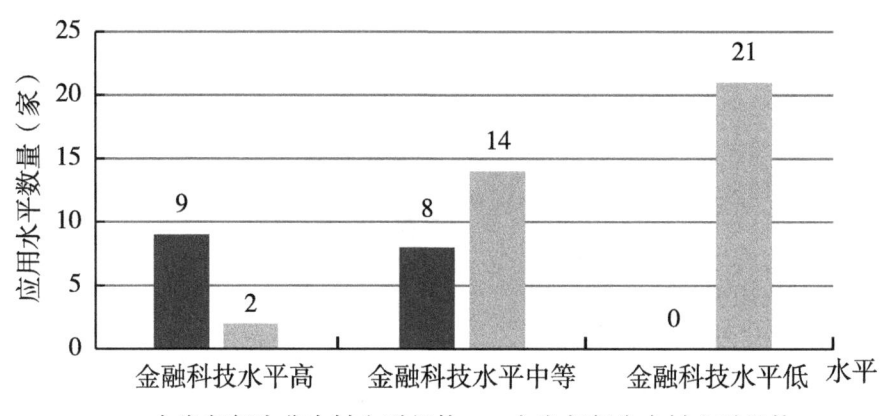

图 4-7 不同类型的村镇银行金融科技应用水平数量

由图4-7可知，主发起行为农村金融机构的村镇银行共有37家，超过主发起行为非农村金融机构的村镇银行数量的2倍，同时在对主发起行分析过程中发现，作为农村金融机构的主发起行几乎全部为地方性的农村商业银行。从纵向来看，主发起行为非农村金融机构的村镇银行的金融科技水平明显高于农村金融机构成立的村镇银行，尤其是金融科技水平高的村镇银行中，3/4是非农村金融机构设立的村镇银行，并且金融科技水平低的村镇银行的主发起行全部都是农村金融机构，说明在金融科技发展过程中，主发起行的类型对其影响非常大。

4.4.3 北部地区金融科技应用水平低

为了对比村镇银行金融科技应用水平的地域性特点，将河北省分为北部、中部和南部3个地区，划定北京市以北为河北省北部，主要包括张家口市和承德市，石家庄市以南为河北省南部，主要包括衡水市、邢台市以及邯郸市，其余地区划为河北省中部地区。分布在不同地区的村镇银行金融科技应用水平存在较大差异，图 4-8 为村镇银行金融科技水平区域分布。

由图 4-8 可以看出，金融科技应用水平高的村镇银行在地理位置上处于河北省的中部和南部地区，北部地区的村镇银行金融科技应用水平处于中等和低等两个方面，究其原因主要是目前河北省北部仍旧存在着自然条件恶劣、人口较少的特点，因此村镇银行的盈利能力较弱，并不能够分配出充足的资金来建设金融科技相关产品与设备，但其基础设备还比较完善，在发展过程中可以着力从金融产品创新、线下宣传等方面弥补自身方面的不足。

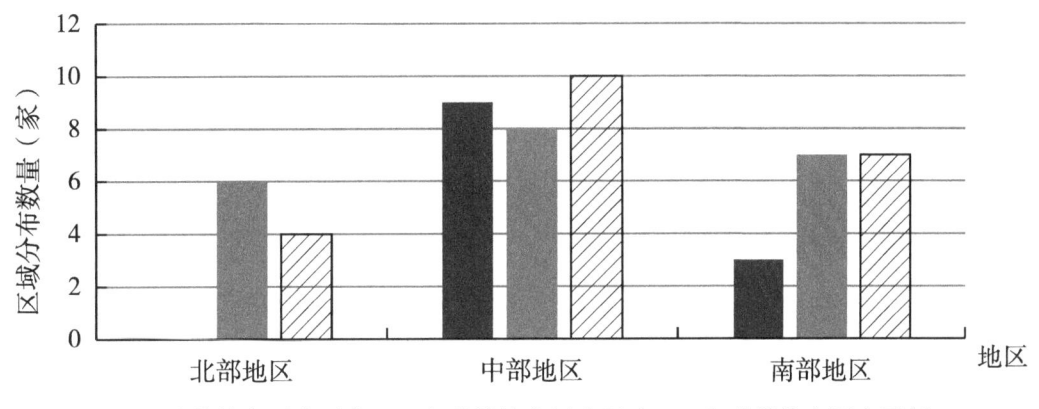

图 4-8　村镇银行金融科技水平区域分布

5 河北省村镇银行发展效果评价
——机构经营效率

5.1 河北省村镇银行发展经营效率评价方法与指标体系

5.1.1 评价方法的选择

通常衡量银行效率的方法主要有财务分析法和前沿分析法。财务分析法测度银行效率时采用已有财务指标对当前财务的分析，具有一定的滞后性，不利于银行进行长期决策，加之不同银行采用的口径不同可能导致评价结果与事实差距较大，因此财务分析法不是评价银行效率的最佳方法。前沿分析法主要有参数分析法和非参数分析法，前者在处理多产出时需要将多个产出综合为一个产出，过程较为复杂，因此参数分析法对多输入多输出的银行业来说也不是效率评价的最好方法；而以 DEA 为代表的非参数前沿法不需要考虑投入产出之间的函数关系，适用于银行业这种多输入多输出变量的复杂系统，因此 DEA 方法是评价村镇银行效率的最佳方法。

DEA 模型是由查恩斯、库伯与罗兹等经济学家提出的，是一种多目标决策方法，评估多个输入与多个输出决策单元的相对效率。DEA 计算的是给定样本中每个决策单元（DMU）相对效率值，其借助于数学编程和统计数据来确定其相对有效的生产前沿面，并通过比较所测决策单元偏离 DEA 前沿面的程度来评估它们的相对效率。DEA 模型包括 CCR 模型（假设规模报酬不变）和 BCC 模型（假设规模报酬可变），由于银行注册资本的多少会直接影响其经营效率，所以本书利用规模报酬可变的 BCC 模型对决策单元进行效率测评。利用 BCC 模型测度的是决策单元的综合效率、纯技术效率和规模效率。

在 BCC 模型中，x_{ij} 和 y_{rj} 分别代表相对应的投入和产出变量，λ_j 表示与其对应的权重值，总和为 1，θ 为效率评价参数，S_i^- 和 S_r^+ 表示某一决策单元的投入减少量和产出增加量，S_0^- 与 S_0^+ 表示投入减少量和投入增加量的最优值，ε 为大于零的无穷小数，由此建立对村镇银行经营效率进行测度的 DEA 模型，具体如下。

$$\begin{cases} \min\left[\theta - \varepsilon\left(\sum_{i=1}^{m} S_i^- + \sum_{r=1}^{s} S_r^+\right)\right] \\ \sum_{j=1}^{n} x_{ij}\lambda_j + S_i^- = \theta x_{i0},\ i \in (1,\ 2,\ \cdots,\ m) \\ \sum_{j=1}^{n} y_{rj}\lambda_j - S_r^+ = y_{i0},\ r \in (1,\ 2,\ \cdots,\ s) \\ \sum_{j=1}^{n} \lambda_j = 1 \\ \theta,\ \lambda_j,\ S_i^-,\ S_r^+ \geqslant 0,\ j = 1,\ 2,\ \cdots,\ n \end{cases} \quad (5.1)$$

通过该模型对村镇银行经营效率的有效性进行判定。当 θ 等于1，且 S_0^- 与 S_0^+ 都为零时，则说明所测数据DEA有效，决策单元的经济活动同时实现技术有效和规模有效；当 θ 等于1，S_0^- 与 S_0^+ 都不为零时，则说明所测数据DEA弱有效，决策单元的经济活动要么技术有效，要么规模有效，但不能实现两者同时有效；θ 小于1，S_0^- 与 S_0^+ 都不为零时，则说明所测数据DEA无效，经济活动即不能实现技术有效也不能实现规模有效。其中 S_0^- 与 S_0^+ 不为零时，说明要减少或增加投入量。

5.1.2 评价指标体系构建

国内学者运用DEA方法，选取多个投入产出指标对金融机构效率进行分析。尚颖等（2020）将机构网点数、从业人数和资产总额作为投入指标，农村农户固定资产投资额、农作物播种面积、粮食产量等8项指标作为外部环境指标，研究小型农村金融机构的社会效率。刘宜鸿（2019）把资产总额、营业总成本和薪酬费用3个指标作为投入项目，将发放贷款及垫款、存款总额、利息收入、每股收益和利润总额5个指标作为产出项目，对我国商业银行效率进行评价。刘钢（2015）以员工人数、所有者权益和总资产为投入指标，净利润和不良贷款率为产出指标，比较评价中小商业银行经营效率。借鉴学术界对投入产出指标的选取的最新成果，结合村镇银行定位"支农支小"、小银行和主要业务较单一的特殊性，以及数据可得性，最终选取注册资本、参保人数、机构网点数和最大持股比例为投入指标，综合评分为产出指标来评价河北省村镇银行"支农支小"的经营效率，具体如表5-1所示。

表 5-1 经营效率评价的投入产出指标体系

投入	$X1$	注册资本
	$X2$	参保人数
	$X3$	机构网点数
	$X4$	最大持股比例
产出	Y	综合评分

在投入指标中，注册资本是指村镇银行成立时最原始的投入资本，是各投资者已经缴纳的或承诺一定要缴纳的出资额的总和；参保人数即村镇银行内参与社保人数，有别于从业人员数量，反映了银行的福利待遇和保障制度，一般同等人员规模下，参保人数越多，机构网点经营越稳健；机构网点数是指村镇银行总行管理的众多支行、分理处以及储蓄所等机构，是总行业务延伸和吸储的基础；最大持股比例是指村镇银行发起人中最大股东持股比例，一般是指大中型商业银行。

产出指标选用综合评分。村镇银行不同于各上市的商业银行，其净利润、股权收益、存款总额等产出指标数据均不公开，考虑到数据的可得性和产出指标选取的合理性，借鉴天眼查信息查询平台给出的综合评分作为产出指标，此评分汇集了各个村镇银行自成立以来发生的资产规模、负债、营业收入、员工人数、成立年限、股东背景、企业性质、工商信誉和违法情况等多个维度的经营实力信息，具有较强的可信度和参考价值。

5.2 河北省村镇银行发展经营效率评价实证分析

5.2.1 样本数据的选取及描述性统计

(1) 样本数据的选取

本书将截至 2020 年 12 月底河北省已经成立的 110 家村镇银行总行作为决策单元，其各指标数据均来自中国银保监会网站提供的村镇银行金融许可证和天眼查信息查询平台在线查询整理所得。

(2) 样本数据的描述性统计

样本数据主要从平均值、最大值、最小值和标准差等方面，对河北省 110 家村镇银行总行的数据进行描述性统计，统计结果如表 5-2 所示。

表 5-2 投入、产出指标的描述性统计

项目	平均值	最大值	最小值	标准差
注册资本（万元）	5 964	100 000	2 000	9 259
参保人数（人）	39	181	7	26
机构网点数（个）	2.72	22	1	2.68
最大持股比例（%）	53	100	20	0.18
综合评分	83	98	40	6.34

由表 5-2 可以看出，注册资本的平均值为 5 964 万元，远远低于全国注册资本的平均值，一定程度上说明村镇银行规模比较小；最小值和最大值的差值较大，标准差达到了 9 259，数据比较分散，说明村镇银行的注册资本高低相差很大。每家平均参保人数 39 人，最大值 181，最小值 7，数据也较为分散。平均每家村镇银行有 2~3 家分支机构，最多可达到 22 家，说明某些村镇银行覆盖率较为广泛。平均最大持股比例 53%，发起行的股权较为集中。综合评分均值 83，说明村镇银行的总体效率不高，且最大值与最小值相差 58 分，各村镇银行的经营实力差距较大。

5.2.2 2020 年经营效率值分析

利用 DEA 方法中的 BCC 模型，运用 Deap2.1 软件对河北省村镇银行的数据进行处理，测出了河北省 110 家村镇银行总行的综合效率、纯技术效率、规模效率，具体如表 5-3 所示。

表 5-3 河北省 110 家村镇银行总行经营效率处理结果

编号	crste	vrste	scale	规模报酬	编号	crste	vrste	scale	规模效应
1	0.914	0.951	0.961	drs	56	0.559	0.584	0.957	irs
2	0.898	1	0.898	irs	57	0.758	0.765	0.991	drs
3	0.847	1	0.847	irs	58	0.529	0.537	0.984	drs
4	0.908	1	0.908	irs	59	0.589	0.694	0.848	irs
5	0.959	1	0.959	irs	60	0.77	0.8	0.963	irs
6	0.715	0.717	0.998	drs	61	0.847	1	0.847	irs
7	0.898	1	0.898	irs	62	0.731	0.75	0.974	drs
8	0.747	0.79	0.946	irs	63	0.587	0.637	0.921	irs

(续表)

编号	crste	vrste	scale	规模报酬	编号	crste	vrste	scale	规模效应
9	0.648	0.695	0.933	irs	64	0.684	0.726	0.941	irs
10	0.811	1	0.811	drs	65	1	1	1	—
11	1	1	1	—	66	0.792	0.837	0.947	irs
12	0.806	1	0.806	irs	67	0.786	1	0.786	irs
13	1	1	1	—	68	0.806	1	0.806	irs
14	0.973	1	0.973	irs	69	0.888	1	0.888	irs
15	1	1	1	—	70	0.998	1	0.998	irs
16	0.99	1	0.99	irs	71	0.647	0.692	0.934	irs
17	0.538	0.541	0.996	drs	72	1	1	1	—
18	0.58	0.632	0.917	irs	73	0.847	1	0.847	irs
19	0.557	0.667	0.835	irs	74	0.714	0.769	0.927	irs
20	0.728	0.752	0.968	drs	75	0.445	0.465	0.957	irs
21	0.817	0.819	0.997	drs	76	0.721	0.775	0.931	irs
22	0.945	0.953	0.992	irs	77	0.436	0.454	0.962	irs
23	0.944	0.959	0.985	irs	78	0.857	1	0.857	irs
24	0.847	1	0.847	irs	79	0.676	0.757	0.894	irs
25	0.716	0.76	0.942	irs	80	0.71	0.811	0.875	irs
26	0.667	0.668	0.998	irs	81	0.864	1	0.864	irs
27	0.956	1	0.956	irs	82	0.847	1	0.847	irs
28	0.935	0.949	0.986	irs	83	0.563	0.594	0.948	drs
29	1	1	1	—	84	0.557	0.57	0.977	drs
30	0.865	1	0.865	irs	85	0.878	1	0.878	irs
31	0.651	0.675	0.964	irs	86	0.878	1	0.878	irs
32	0.648	0.73	0.887	drs	87	0.671	0.679	0.988	drs
33	1	1	1	—	88	0.617	0.652	0.947	irs
34	0.847	1	0.847	irs	89	0.584	0.635	0.92	irs
35	0.847	1	0.847	irs	90	0.806	1	0.806	irs
36	0.666	0.67	0.994	irs	91	1	1	1	—
37	0.816	1	0.816	irs	92	0.611	0.661	0.924	irs
38	0.816	1	0.816	irs	93	0.688	0.777	0.886	irs
39	0.816	1	0.816	irs	94	0.856	0.893	0.959	irs

(续表)

编号	crste	vrste	scale	规模报酬	编号	crste	vrste	scale	规模效应
40	0.857	1	0.857	irs	95	0.342	0.764	0.447	irs
41	0.475	0.5	0.951	irs	96	0.847	1	0.847	irs
42	0.847	1	0.847	irs	97	0.847	1	0.847	irs
43	0.847	1	0.847	irs	98	0.847	1	0.847	irs
44	0.847	1	0.847	irs	99	0.847	1	0.847	irs
45	0.847	1	0.847	irs	100	0.847	1	0.847	irs
46	0.787	0.877	0.897	irs	101	0.647	0.681	0.949	irs
47	0.619	0.667	0.928	irs	102	0.533	0.545	0.979	irs
48	0.979	1	0.979	irs	103	0.84	0.909	0.925	irs
49	0.979	1	0.979	irs	104	0.847	1	0.847	irs
50	0.971	1	0.971	irs	105	0.455	0.472	0.963	irs
51	0.852	1	0.852	irs	106	0.758	0.795	0.953	irs
52	0.778	0.824	0.944	irs	107	0.939	1	0.939	irs
53	1	1	1	—	108	0.945	1	0.945	irs
54	0.917	1	0.917	irs	109	1	1	1	—
55	0.987	1	0.988	irs	110	0.926	1	0.926	irs
					均值	0.792	0.868	0.917	

注：crste 为综合效率，vrste 为纯技术效率，scale 为规模效率。irs 为规模报酬递增，drs 为规模报酬递减，—为规模报酬不变。

从均值上看，河北省村镇银行综合效率、纯技术效率和规模效率的均值分别为 0.792、0.868 和 0.917，其中综合效率最小，说明河北省村镇银行的资源配置能力、资源使用效率等多方面综合能力较差。规模效率平均值最大，说明规模因素影响的生产效率较高。纯技术效率均值位于其他效率之间，说明管理和技术等因素影响的生产效率处于中等水平。

从总体上看，河北省 110 家村镇银行中处于 DEA 有效的共 10 家，仅占 9%；DEA 弱有效的即仅实现纯技术有效的共有 49 家，占到 45%；DEA 无效的即纯技术和规模均无效的共有 51 家，占到 46%。

(1) 规模报酬结果分析

在 110 个决策单元中，有 10 家村镇银行经营效率值均为 1，且规模报酬不变，说明达到有效经营的网点较少,仅占机构总数的9%。其次,有13家机构显示规模报酬递减,即产出增加的比例小于投入要素增加的比例,原因是这13家机构经营规模过大,使得各个方面难以得到有效的协调,产生了规模不经济,从而降低了经营效率,此种状况仅占12%。最后有87家村镇银行规模报酬处于递增,说明占比高达79%的村镇银行产出增加的比例大于投入要素增加的比例,也说明村镇银行所处的金融环境并没有达到饱和,大多数村镇银行规模还没有达到最适度,农村金融市场仍然有"利"可图,网点经营效率的提升空间很大。

(2) 经营效率结果分析

河北省各家村镇银行的经营效率均不相同,且每家机构的综合效率、纯技术效率和规模效率也各有差异。表5-4为河北省110家村镇银行不同范围经营效率占比统计。

表5-4 河北省110家村镇银行不同范围经营效率占比统计

效率值范围	综合效率		纯技术效率		规模效率	
	数量(家)	占比(%)	数量(家)	占比(%)	数量(家)	占比(%)
$0 \leqslant X < 0.5$	5	4.5	3	2.7	1	0.9
$0.5 \leqslant X < 0.8$	40	36.4	36	32.7	1	0.9
$0.8 \leqslant X < 1$	55	50.0	12	10.9	98	89.1
$X = 1$	10	9.1	59	53.6	10	9.1
总数	110	100.0	110	100.0	110	100.0

综合来看,一半以上村镇银行的经营效率值与有效值接近,达到0.8以上。一方面,河北省110家村镇银行中处于DEA有效(10家)和弱有效(49家)的共59家,占比达到54%;另一方面,从各效率值范围来看,大于等于0.8的均超过112家,综合效率达到59%,纯技术效率达到65%,规模效率甚至已接近全部,高达98%,说明已经有更多的村镇银行经营效率趋于有效状态。

从各效率值来看,经营效率高低不同,区间分布有差异。综合效率值为1的有效经营的村镇银行占9.1%,数值位于[0.8, 1)的村镇银行有一半,位于[0.5, 0.8)的占比为36.4%,少数经营效率小于0.5,说明村镇银行综合效率偏低,分布较为集中;从纯技术效率的占比统计可知,有59家机构的效率值为1,53.6%的村镇银行实现了纯技术有效经营,1/3的机构位于[0.5, 0.8),11%位于[0.8, 1],

小部分在 0.5 以下，各区间分布较为分散，与综合效率值和规模效率值相比，在纯技术上有效经营占比最高；规模效率的分布值更为集中，89.1%的值都分布在[0.8，1)，9%的机构规模效率值为 1，达到有效经营，效率值在 0.8 以下的仅占 2%，虽然各区间均有分布，但 98%的值在 0.8（含）以上，说明规模效率值较其他效率值的水平较高。

综上所述，河北省村镇银行的综合效率较低，但效率值分布比较集中；纯技术效率的值较为分散，但在纯技术上相对有效经营的占比最高；规模效率的值更为集中，且分布在较高区间。

(3) 有效经营的特征分析

为提高机构网点的经营效率，探析达到有效经营的村镇银行特征，为其他经营不佳的机构提供借鉴。表 5-5 是河北省达到有效经营的 10 家村镇银行投入产出指标。

表 5-5　河北省有效经营的 10 家村镇银行投入产出指标

名称	市区	得分	注册资本（万元）	参保人数（人）	最大持股比例（%）	机构网点数（家）
阜平**村镇银行股份有限公司	保定	98	3 000	16	51	1
廊坊**村镇银行股份有限公司	廊坊	98	5 000	16	51	1
清河**村镇银行股份有限公司	邢台	95	2 000	55	36	3
容城**村镇银行股份有限公司	保定	88	10 000	27	2	1
宽城**村镇银行股份有限公司	承德	84	6 000	25	25	1
吴桥**村镇银行股份有限公司	沧州	83	5 000	7	51	1
雄县**村镇银行股份有限公司	保定	80	2 000	29	51	1
枣强**村镇银行股份有限公司	衡水	80	2 000	30	51	1
元氏**村镇银行股份有限公司	石家庄	80	4 000	56	22	7
赤城**村镇银行股份有限公司	张家口	77	2 000	11	51	1

（续表）

名称	市区	得分	注册资本（万元）	参保人数（人）	最大持股比例（%）	机构网点数（家）
均值	—	86	4 100	27.2	409	1.8
原始整体数据均值	—	83	5 964	39.2	53	2.69

由表 5-5 可知，从均值上看，有效经营的投入指标均低于原始整体数据，产出指标却高于整体数据，说明对于村镇银行来说，在一定的投入产出范围内，经营的有效与否与投入的多少并不存在着正比例关系，需要根据村镇银行的指标特征进行分类，探索其有效经营的特征，为处于无效或低效经营的村镇银行提供经验借鉴。根据经营网点和管制的多少，将达到有效经营的 10 家村镇银行划分为三大类。

第一类为经营网点多的机构。大多数机构网点为 1 家，仅有元氏和清河的两家银行的网点数达到了 7 家和 3 家。这 2 家村镇银行具有以下特征：一是注册资本较少，分别为 2 000 万元和 4 000 万元，低于均值水平；二是股权相对分散，2 家银行的最大持股比例分别为 22% 和 36%，均小于 51% 并远远低于均值水平；三是参保人数较多，分别为 55 人和 56 人，远远高于其他银行和均值水平。这类村镇银行体量较小，易于管理；相对分散的股权使经营灵活；员工的参保使员工有了风险保障，工作积极性更高。

第二类为经营网点少、管制少的机构。这类机构主要包括容城和宽城的两家银行，具有以下特征：一是注册资本多，均在 5 000 万元以上，其中容城的村镇银行注册资本高达 10 000 万元，远远高于其他银行和均值水平；二是股权较分散，最大持股比均在 20%~25%，远远低于均值水平；三是经营网点少但参保人数相对较多，近于均值水平。这类村镇银行个体规模较大，一定程度上会产生规模经济效益；分散的股权使经营管理灵活有效；积极给予员工参保使员工的积极性显著增强。

第三类是经营网点少、管制多的机构。这类村镇银行具有的特征：一是注册资本相对较低，均在 5 000 万元以下（包含 5 000 万元），除了廊坊和吴桥的高于有效经营的均值外，其余 4 家均低于均值水平；二是股权集中，6 家村镇银行最大股东持股比例均为 51%，处于控股地位；三是参保人数相对较少，除了雄县和枣强的略高于有效经营的均值外，其余 4 家均远远低于均值水平。这类村镇银行体量相对较小，易于管理；集中的股权使银行内部管控严格，很大程度上降低了风险成本和组织成本；此类银行参保人数少是源于股权集中需要的员工人数少，相对较少的参保人数一方面降低了人工和保险成本；另一方面降低了沟通和协调成本。

此外，从10家机构分布的市区来看，坐落在保定的达到3家，邯郸、秦皇岛和唐山没有分布，其他市区各均有1家分布，由此可知，保定市村镇银行的经营水平高于其他各市，邯郸、秦皇岛和唐山的经营水平低于其他各市。

5.2.3 各区域经营效率比较分析

由于各区域的农村金融环境存在差异以及机构网点自身的经营管理不同，导致各区域的经营效率差距较大。

从分类来看，河北省村镇银行不同类型的经营效率在不同区域又存在着不同的分布。

（1）各区域综合效率比较分析

整体上看，综合效率值处于较低状态，均未超过0.9，位于0.6~0.9。区域上看，综合效率值又呈现不同的量化分布：保定市和衡水市的综合效率值相对较高，分别达到0.882和0.876；承德市和秦皇岛市的次之，两者效率水平相当，分别为0.810和0.818；除唐山市为0.699处于最低水平外，其他各市的综合效率值均处在0.7~0.8的中等水平。

村镇银行综合效率值在不同区域的量化分布是多种因素共同作用的结果，其中最直观最关键的是各地的经济增长水平。图5-1为河北省各区域村镇银行综合效率与GDP的线性关系量化图。

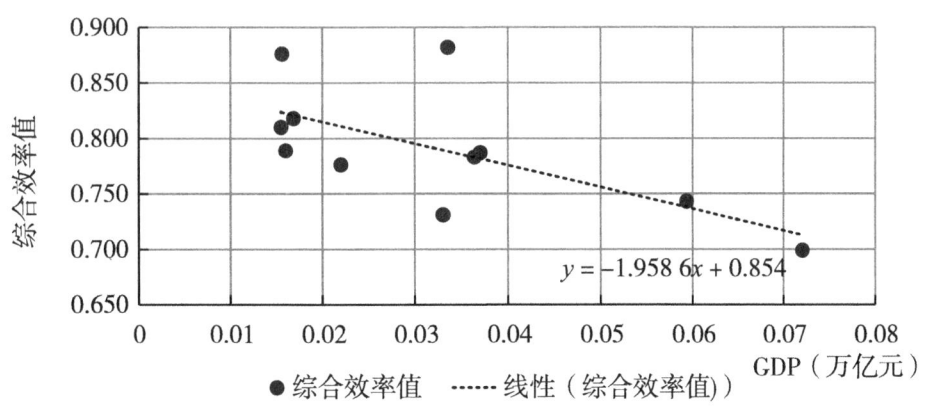

图 5-1　河北省各区域村镇银行综合效率与GDP的线性关系量化图

由图5-1可知，各区域村镇银行综合效率值与当地经济增长水平GDP呈负相关，回归方程为：

$$y=-1.958\ 6x+0.854 \qquad (5.2)$$

在方程中，y 为综合效率值，x 为 GDP 总量，$-1.958\ 6$ 为回归系数，为截距项。GDP 每增加一个单位，综合效率值就减少 1.958 6 单位，GDP 和综合效率值呈负相关关系。即在 GDP 水平高的地区，村镇银行综合效率值低，表明区域经济发展越好，城镇化水平越高，扎根于县域定位"支农支小"的村镇银行市场就越小，其综合效率就越低。这一结论符合国家建立和发展村镇银行的初衷和使命，自 2006 年国家提出在农村地区建立村镇银行，并选取欠发达的中西部地区进行首批试点以来，相继出台了一系列政策，均将村镇银行的建立范围界定在中西部和其他省的欠发达地区（国家建成小康社会以前界定为贫困县及县以下地区），目的是弥补这些地区因投资风险高而导致的金融服务严重短缺的状况，以落实国家脱贫攻坚和乡村振兴战略进而实现共同富裕的目标。

（2）各区域纯技术效率比较分析

整体上看，纯技术效率值处于相对较高状态，81.8%的区域效率值在 0.8 以上。区域上看，处于第一梯队的是承德市、秦皇岛市、保定市、衡水市、邢台市和邯郸市 6 个地区，纯技术效率值都较高，均在 0.9 以上，其中最高的是邢台市，高达 0.981，接近于纯技术有效值。究其原因，主要源于两方面因素，一是这些地区的大部分村镇银行的主发起行资金实力相对雄厚，对村镇银行在技术、管理上的支持力度较大；二是这些地区的农商行竞争实力雄厚，在当地设立的村镇银行为了获取竞争优势，需要不断加强技术与管理上的投入，而使其纯技术效率相对较高。邢台市村镇银行纯技术效率最高，即源于邢台农商行于 2018 年 9 月在新三板市场成功上市，是我国新三板市场第三家挂牌上市的农村商业银行，也是河北省首家进入资本市场的农村中小金融机构，其品牌价值和社会影响力不断提高，有较强抗风险能力和盈利能力。面对如此实力雄厚的竞争对手，当地的村镇银行只有不断提高技术和管理投入才能实现其"支农支小"的政策性目标和自身发展的盈利性目标。

相对而言，张家口市、沧州市和石家庄市的村镇银行纯技术效率值处于中等水平，分别为 0.84、0.823 和 0.810。唐山市和廊坊市的村镇银行纯技术效率值处于最低水平，均在 0.8 以下，分别为 0.766 和 0.722，究其原因，一定程度上源于其所处地理位置与天津市相邻。从区域效应的角度分析，天津市金融市场的发展抑制了周围地区农村金融市场中村镇银行技术效率的提升，天津是经济发展水平较高的直辖市，其对人才的吸引较高，邻近市区的管理和技术资源全被吸入域内，造成其相邻地区的金融资源匮乏，尤其是设立在农村地区的村镇银行，可利用的资源少之又少,导致纯技术效率较低。如此循环下去,邻近区域的抑制必将出现难以扭转的"马太效应"。

(3) 各区域规模效率比较分析

整体上看,规模效率值处于高水平状态,所有的区域均在0.8以上,高达72.7%的区域规模效率值在0.9以上。区域上看,根据规模效率值可以划分为两大区域:一是规模效率值在0.8~0.9的,包括河北省最东部的秦皇岛以及南部的邢台和邯郸,最低的是邢台,规模效率值0.842;二是规模效率值在0.9~1.0的,剩下的区域均在此值范围内,最高的是沧州市,规模效率值为0.955。规模效率值与机构网点的数量密切相关,图5-2是村镇银行机构网点数量与规模效率的线性关系量化图。

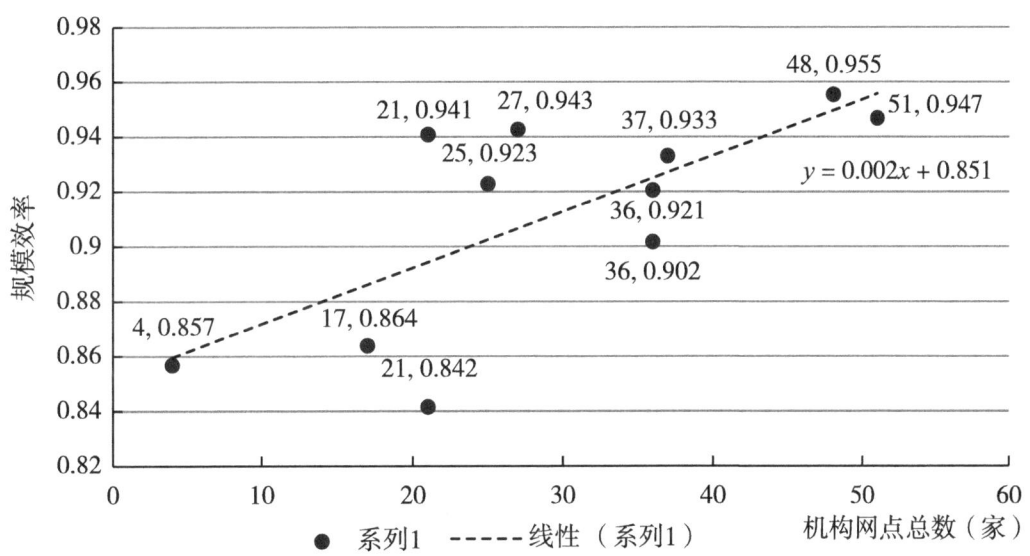

图5-2 村镇银行机构网点数量与规模效率线性关系量化图

由图5-2可以看出,截至2020年12月底,河北省共成立包括总行在内的机构网点322家,不同区域网点的数量不同,导致不同区域的规模效率存在差异,随着机构网点数量的增加,规模效率呈上升的趋势。网点数量最低只有4家机构的邢台市对应的规模效率最低,网点数量达到48家机构的沧州市对应规模效率最高。因此,适度增加机构网点数量是当前河北省村镇银行实现规模的有效途径之一。

总体来看,河北省村镇银行规模效率明显高于纯技术效率和综合效率,村镇银行应在因地制宜适度增加机构网点数量的同时,严格落实国家政策,通过增资扩股、兼并重组等方式,同时实现规模有效与纯技术有效,使综合效率不断提高。

5.3 结　　论

5.3.1 河北省村镇银行整体经营效率较低，且区域不平衡

在110家村镇银行总行中，仅有10家达到DEA有效，仅占9.1%。虽然DEA弱有效即只实现了纯技术效率的村镇银行也占44.5%，但纯技术无效的还占高达46.4%，说明河北省村镇银行2020年整体经营还处于较低水平。

110家村镇银行总行分布在河北省11个地市中，呈不平衡状态。综合效率最高的保定市和最低的唐山市分别为0.882和0.699，两地相差0.183；纯技术效率最高的邢台市和最低的廊坊市分别为0.981和0.722，两地相差0.259；规模效率最高的沧州市和最低的邢台市分别为0.955和0.842，两地相差0.113。

5.3.2 整体经营效率较低是规模无效和纯技术弱有效共同作用的结果

一方面，在110家村镇银行中，规模无效的有100家，占比高达90.9%，说明大部分村镇银行还没有实现最优生产规模，究其原因主要是品牌知名度低、资本实力弱等。

另一方面，虽然纯技术有效的村镇银行已占44.5%，但在46.4%纯技术无效的村镇银行中，效率值低于0.8的占比达到其中76.5%，说明还有大部分村镇银行在投入产出资源的使用上存在很大缺陷，究其原因主要是从业人员素质不高、法人最大持股比例过高使决策能力受到限制等。

5.3.3 区域不平衡的原因是多方面的

河北省村镇银行经营效率区域不平衡是由区域GDP水平、机构网点数量、主发起行实力等原因造成的。GDP水平高的区域村镇银行的综合效率值低，究其原因是这部分地区不是村镇银行重点设立的区域，因此投入的资本、技术和管理就相对较少，这一结论符合国家对村镇银行"支农支小"的政策定位；机构网点数量少的区域村镇银行的规模效率相对较低，究其原因一方面是主发起行对村镇银行投入的资本较少，另一方面是信用度不高带来的存款规模受限。

6 河北省村镇银行发展效果评价
——空间布局均衡水平

6.1 河北省村镇银行空间布局现状

截至 2020 年 12 月底，河北省村镇银行机构网点数量达到 322 家，县域覆盖率达到 70% 以上。由图 6-1 可知，2008—2011 年村镇银行成立初期网点数基本呈倍数增长，2012—2017 年网点的增量逐渐上升，保持每年 50 家左右的增量，2018—2020 年虽然增速放缓，但仍然保持增长的趋势。

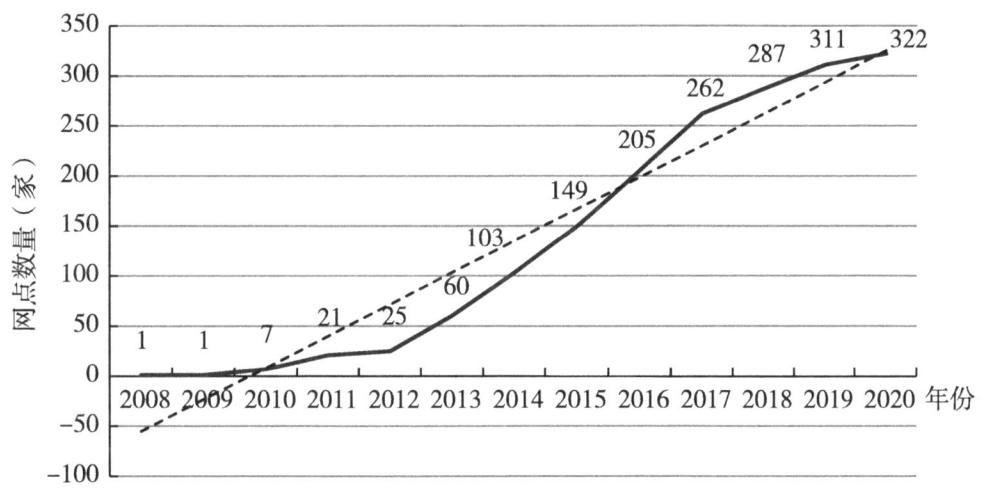

图 6-1 河北省村镇银行网点数量

（数据来源：中国银保监会金融许可证查询统计）

6.1.1 机构网点集中分布在环京津市区

河北村镇银行的网点数量在逐年递增，也实现了全省各市覆盖的分布，但各地机构网点分布存在较强的区域性，其在各市的分布密度和覆盖程度也有所差异，且各市的总行分行的分布数量各不相同。本书利用 Arcgis 软件对各市村镇银行总行和支行网点数量进行了统计。

首先，网点总数在各市的分布并不均匀，其中，廊坊和沧州的网点总数最多，分别达到 49 家和 48 家，其次保定、石家庄、承德和张家口的数量也处于较高的水平，分别达到 37 家、36 家、36 家和 29 家。邯郸市和秦皇岛市的数量均在 20 家以下。从分布在各市区的网点数量的多寡来看，环京津地区的廊坊、沧州、石家庄、承德和保定的数量均在 40 家左右，处于较高的水平，唐山和张家口的数量也接近 30 家，处于中等水平。由于京津地区的金融、经济发展程度较高，对河北省的发展产生了带动作用，促进了环京津市区村镇银行网点建设。从总行、分行的数量看，除秦皇岛没有分行的设置外，各市的分行数量一般大于总行的数量。此外，由于省内不同区域的发展状况各不相同，各市空间异质性和有机的金融服务体系相互联动与作用，导致了村镇银行在河北省各市的网点空间布局现状存在差异。

维持较高的网点基数是对村镇银行扩展业务的基础，同时机构网点的增量能够反映银行目前的扩张速度和发展趋势，持续较高的网点增量是银行增加吸储能力和抵御风险能力的基础，也是提高客户认可度和社会影响力重要举措。因此，对于设立在广袤的农村区域的村镇银行来说，保持稳定良好的增量对自身在市场中保持物理网点覆盖率优势至关重要。虽然目前网点在各市均有分布，且数量高达几十家，但其增长数量却在降低，图 6-2 为对 2008—2020 年河北省村镇银行机构网点数量及增长率的统计。

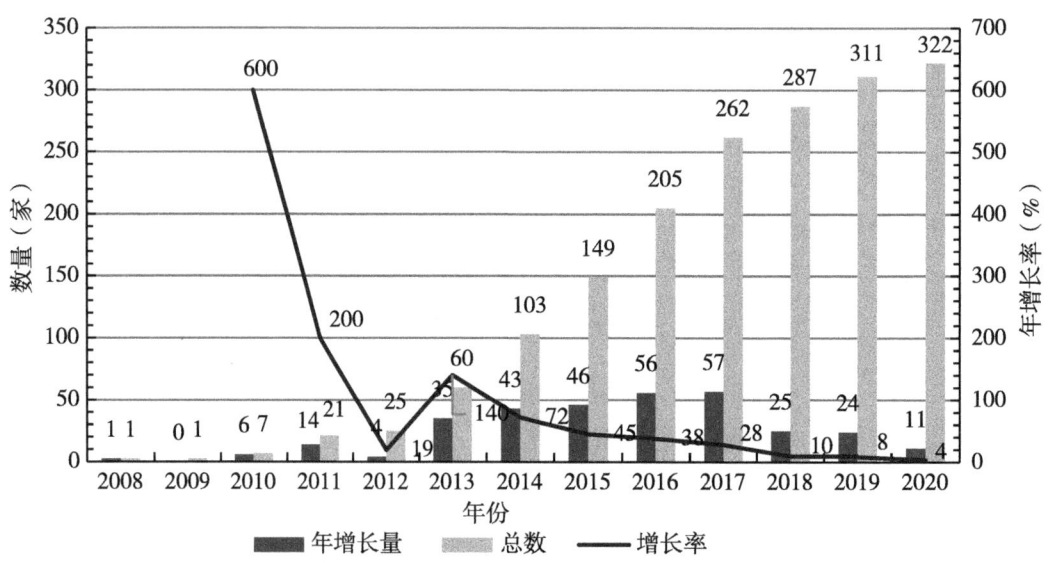

图 6-2 2008—2020 年河北省村镇银行网点数量及增长率

（数据来源：中国银保监会金融许可证查询统计整理）

由图 6-2 可知，2008—2012 年，正处在村镇银行的初建期，每年增加的数量较少，2013—2017 年，此阶段是村镇银行快速发展的时期，达到了每年 30~60 家的增量，从 2018 年开始增量从 2017 年的 57 家下降到 25 家，增量降低了一半多，而到 2019 年和 2020 年，增长数量持续下降，2019 年增量 24 家，2020 年降到 11 家。从增长率的统计来看，从 2013 年起始终在降低，尤其 2018 年以来的增长率均在 10% 以下。按此趋势发展下去，增量基本不可能回到巅峰时期，村镇银行网点数量基本会维持在 350 家左右，依靠扩张物理网点来增加业务的竞争优势正在减弱，提升现存网点的服务质量成为当务之急。

6.1.2 人力资源布局呈现较强的空间同质性

目前，学术界对银行空间布局的研究仅限于网点量化，而对于定位"支农支小"的村镇银行，其空间布局不能局限于机构网点的研究，人力资源和经营实力状况也应纳入空间量化范围。对于金融科技应用水平较低且扎根县域的村镇银行，大部分农村地区网点的吸储需要靠人力资源，其数量从某种程度上决定了服务的质量，人力资源规模也决定了银行的经营绩效。目前对村镇银行等中小银行的人力资源规模并没有确定的范围，天眼查汇集了所有拥有独立法人机构的中小银行，通过大数据搜集不同人力资源规模网点的经营状况，将中小银行分为几类不同规模的银行，以同等规模下大多数银行的人力资源数量为基础，划定中小银行不同人力资源的范围。由于天眼查的数据庞大且具有代表性，因此借鉴天眼查对村镇银行人力资源的划分，将其分为（0，50）人、[50，99）人和 [99，499）人 3 个范围。表 6-1 为对各市村镇银行不同规模人力资源的统计。

表 6-1 各市村镇银行不同规模人力资源 （单位：人）

市区	(0, 50)	[50, 99)	[99, 499)	总数
保定市	13	3	0	550
沧州市	8	5	0	575
承德市	4	1	1	325
邯郸市	9	1	0	300
衡水市	8	2	0	350
廊坊市	8	2	1	500

（续表）

市区	(0, 50)	[50, 99)	[99, 499)	总数
秦皇岛市	4	0	0	100
石家庄市	9	3	0	450
唐山市	4	4	0	400
邢台市	8	2	0	350
张家口市	9	0	1	375
总数（家）	84	23	3	110/4 275

由表6-1可知，人力资源规模分布在（0，50）人、[50，99）人和[99，499）人3个区间的村镇银行分别为84家、23家和3家，不同区间规模均有分布。在（0，50）人区间，各市均有分布，其中保定分布最多，达到13家，数量分布最少的为承德、秦皇岛和唐山，均为4家。在[50，99）人区间，除秦皇岛和张家口外，其他各市均有分布，但各市的分布数量均不高于5家，数量较少。人力资源规模在[99，499）人区间的机构最少，绝大多数市区没有分布，只有承德、廊坊和张家口各有一家村镇银行的规模达到此水平。此外，从各市在不同规模区间的数量观察，承德和廊坊在各区间都有分布，保定、邯郸和张家口在不同区间的数量差值最大，基本在10家左右。秦皇岛村镇银行网点的人员规模均在（0，50）人区间，机构数量少，人力资源规模小。取各规模的均值计算出每个市的人力资源总量，除秦皇岛外，其他各市的人力资源总量在（300，500）人，整体的空间分布差异较小，所以河北省各区域的人力资源存在较强的空间同质性。

虽然大多数市区在不同规模区间均有分布，但从各区间数量占比来看，却相差悬殊，各市（0，50）人的区间机构数量占比均在50%以上。目前，全国平均每家村镇银行的人员规模为56.5人，是农信社的21.4%、农商行的11.3%、农合行的16.7%，而河北省村镇银行人员规模在（0，50）区间的占比为76.4%，因此，省内平均规模低于全国平均水平，更远远低于农村金融市场中同质性金融机构。图6-3为对各市村镇银行不同规模人力资源占比的统计。

由图6-3可知，河北省11个市区中，大多数网点数量在（0，50）人，例如秦皇岛的规模占比达到了100%，邯郸、保定市和张家口也分别达到94%、81%和90%的水平，说明河北省各市从业人员数量较少。其次，沧州和唐山，人数在

[50,99)人的村镇银行占比在30%~50%，在省内处于较高的水平，其他市都在20%以下，人员规模较小。此外，规模在[99,499)人的网点占比最少，大多数市区没有，只有承德、廊坊和张家口有一定数量的占比，其中承德市最高，达到17%，廊坊和张家口占比仅为9%和10%。整体来看，所有各市区的大部分村镇银行的规模为（0,50）人，大于50人的网点占少部分，各市区人力资源分布状况相似，空间同质性较强。

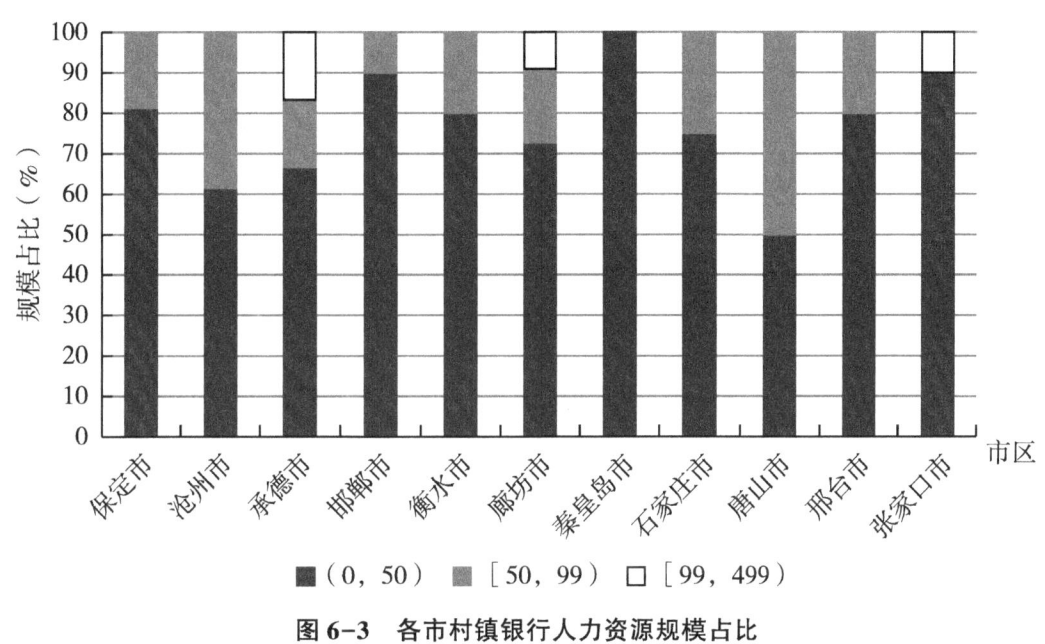

图6-3 各市村镇银行人力资源规模占比

（数据来源：天眼查工商信息人员规模查询）

6.1.3 经营实力布局的空间异质性明显

（1）注册资本在冀中聚集，与经济发展水平同向分布

对于村镇银行的注册资本规模，《村镇银行管理暂行规定》中指出：在县（市）设立的村镇银行，其注册资本不得低于300万元人民币，在乡（镇）设立的村镇银行，其注册资本不得低于100万元人民币。注册资本是村镇银行发展壮大的基础。截至2020年12月底，河北省所有总行中，注册资本最低为1 599万元，最高为10 000万元，各行之间还是存在较大差距的，其在各市的分布状况如表6-2所示。

表 6-2　各市村镇银行不同规模注册资本数量统计　（单位：万元）

市区	$0 \leqslant x < 5\ 000$	$5\ 000 \leqslant x < 10\ 000$	$10\ 000 \leqslant x < 15\ 000$	平均注册资本
保定市	4	11	1	11 563
沧州市	2	8	3	6 077
承德市	1	5	0	5 033
邯郸市	4	6	0	4 820
衡水市	7	3	0	3 000
廊坊市	1	8	2	6 090
秦皇岛市	4	0	0	2 500
石家庄市	3	9	0	4 667
唐山市	1	4	3	7 375
邢台市	2	8	0	4 600
张家口市	5	5	0	3 500
总计	34	67	9	59 225

由表 6-2 可知，在各区域中，注册资本在 5 000 万元 $\leqslant x <$ 10 000 万元区间的村镇银行占大多数，其中承德和邢台的最高，分别占本市总数量的 83% 和 80%，其次是保定、廊坊、沧州和邯郸，注册资本在此区间的比例占本市总数量的 60%~80%，其他市区数量占比在 60% 以下。注册资本小于 5 000 万元的也不少，其中秦皇岛的所有村镇银行注册资本均在 5 000 万元以下，处于全省的最低水平。此外，唐山、廊坊、沧州和保定的村镇银行中，有部分注册资本已达到 10 000 万元，尤其是唐山和沧州，占比分别达到本市总数量的 38% 和 23%。从各区间的分布总数来看，注册资本 $x <$ 5 000 万元的有 34 家机构，10 000 万元 $\leqslant x <$ 15 000 万元的只有 9 家，有 67 家村镇银行的注册资本分布 5 000 万元 $\leqslant x <$ 10 000 万元，占比高达 60.9%，河北省大多数村镇银行的注册资本处于中等水平。

注册资本在各市以及各区域的分布情况差异很大，从各市的平均注册资本来看，保定、廊坊、沧州和唐山的值位居前四，较高的均值与其中部分银行突出的注册资本密切相关。本书从地理空间的角度对各市分布在不同规模注册资本机构数量进行了占比统计。

分析可知，在冀北地区，大多数村镇银行的注册资本 $0 \leqslant x < 5\,000$ 万元区间，其中秦皇岛所有村镇银行的注册资本均在此区间，张家口位于此区间的村镇银行占到了 50%，虽然承德市占比只有 17%，但剩余的村镇银行注册资本在 $5\,000$ 万元 $\leqslant x < 10\,000$ 万元区间，也只是处于中等水平。在冀中地区，注册资本在 $10\,000$ 万元 $\leqslant x < 15\,000$ 万元区间的村镇银行均集中在此地区，其中唐山最高，占比达到本市数量的 38%，依次是沧州、廊坊和保定 3 个市区，占比分别为 23%、18% 和 6%；此外冀中地区注册资本占比最多的集中 $5\,000$ 万元 $\leqslant x < 10\,000$ 万元的中等区间，位于 $0 \leqslant x < 5\,000$ 万元低区间的占比最多的是保定，占比也仅有 25%。在冀南地区，除衡水注册资本 $0 \leqslant x < 5\,000$ 万元区间的占 70% 以外，其余均集中分布在 $5\,000$ 万元 $\leqslant x < 10\,000$ 万元区间。

从整体分布来看，村镇银行注册资本具有明显的区域差异性，冀北地区注册资本水平最低，冀南处于中等水平，冀中注册资本最高。各市注册资本结构各有差异，注册总资本也差异明显。保定市的注册总资本为 11 563 万元，明显高于其他各市，原因是中银富登村镇银行（投资管理行）的建立提高了保定市的平均水平。但除保定外，其他各市的平均值与 GDP 成正比，如经济较发达的唐山、廊坊、沧州等地均值明显高于其他各市，发展水平较低的衡水、张家口的均值则较低。

（2）最大持股比例过高，且南北相差悬殊

截至 2020 年 12 月底，村镇银行发起行大多是大中型商业银行，其盈利性的属性使其持股比例具有相对的控制优势，一定程度上影响村镇银行的经营模式。由于 51% 有相对控股权，67% 有绝对控股权，对银行事务具有较大表决权，因此，对最大持股占比的统计划分为 $x \leqslant 50\%$、$50\% < x \leqslant 66\%$ 及 $66\% < x \leqslant 100\%$ 3 个区间，各市村镇银行最大持股比例数量统计如表 6-3 所示。

表 6-3　各市村镇银行最大持股比例数量统计

市区	$x \leqslant 50\%$	$50\% < x \leqslant 66\%$	$66\% < x \leqslant 100\%$	总计（家）
保定市	4	11	1	16
沧州市	5	7	1	13
承德市	4	2	0	6
邯郸市	1	3	6	10
衡水市	3	7	0	10

(续表)

市区	$x\leqslant50\%$	$50\%<x\leqslant66\%$	$66\%<x\leqslant100\%$	总计（家）
廊坊市	6	5	0	11
秦皇岛市	4	0	0	4
石家庄市	4	4	4	12
唐山市	1	7	0	8
邢台市	3	6	1	10
张家口市	4	5	1	10
总计	39	57	14	110

由表 6-3 可知，持股比例在 $50\%<x\leqslant66\%$ 区间的网点数占大多数，唐山最高，占比达到 88%，依次是衡水、保定和邢台，占比均不低于 60%，说明发起行对村镇银行的控制较为严格。更为突出的是邯郸市控股在 $66\%<x\leqslant100\%$ 区间的村镇银行占比达到 60%。网点最大持股占比均未超过 50% 的只有秦皇岛市，村镇银行对自身规划与发展有较大的支配权力。从最大持股比例各划分区间的总数来看，最大持股比例大于 50% 的村镇银行共有 71 家，占总数比例 64.5%，已超过半数，其中在 $50\%<x\leqslant66\%$ 区间的有 57 家，在 $66\%<x\leqslant100\%$ 区间的有 14 家；而在 $x\leqslant50\%$ 相对较低区间的有 39 家，占比 35.5%。

由于发起行的控制和银行自身发展的约束，不同地区的最大持股比例结构存在很大差异性。以主发起行主要为外资银行的邯郸为例，外资银行的控权和干预经营程度较高，导致邯郸市大多数机构最大持股比在 $66\%<x\leqslant100\%$ 区间，而主要以农商行为发起行的廊坊，由于农商行放权程度高，致使该地区的大部分村镇银行最大持股比在 50% 以下。不仅如此，持股比例表现出很强的地域差异。

在北部地区，承德和秦皇岛的所有机构最大持股占比均在 50% 及以下，其他地区除唐山外，最大持股比例在 50% 及以下的占比均达到了本市总量的 40% 及以上（张家口、廊坊）。在中南部地区，绝大多数机构的最大持股比均在 50% 以上，以位于最南部的邯郸为例，仅有 10% 的机构占比小于 50%，南部其他市区邢台、衡水以及沧州的最大持股比在 50% 以上的机构数量占比也均大于 60%。从均值来看，位于最南部邯郸最大持股比达到 79%，位于最北部承德的均值只有 43%。总之，无论是从数量占比，还是从均值来看，南北最大持股比相差悬殊。

6.2 河北省村镇银行空间布局均衡水平评价方法与指标体系

6.2.1 评价方法的选择

由于选取的不同指标相对于空间布局量化的重要程度各不相同，贡献度也各有偏差，因此需要确定各个指标的权重，确定权重的主要方法有主观赋权法、客观赋权法。周雅文（2019）通过文献梳理和实地调研确定了用户体验、平台状况、社会刺激3个一级指标及11个二级指标，利用层次分析法和专家评分法计算各指标权重，将权重汇总得出最后的评价模型。曹岩等（2009）通过专家调查法确定主观权重，利用熵权法确定客观权重，通过主客观权重的合理结合，即组合权重评价法构建了相应的评价模型。余文建等（2017）以调查问卷为基础，定性分析了我国消费者金融素养的发展情况，在主成分分析和因子分析的基础上构造公共因子来构建消费者金融素养指数，通过多元线性回归探究金融素养指数的影响因素。付剑茹等（2019）基于西南财经大学中国家庭金融调查与研究中心2019年披露的2017年家庭金融调查数据，运用主成分分析法、因子分析法及得分直接加总法对金融素养指标做了新的度量，并采用Probit、Logit、OLS等实证模型验证了金融素养对于风险资产投资决策的影响。

通过梳理和评价学术界确定权重的方法发现，主观赋权法的主观性较强，很难客观地反映指标的整体状况，因此本书选择客观赋权法确定权重，考虑空间布局量化的特殊性，最终选择主成分分析法确定各个评价变量的权重，避免主观因素的干扰。主成分分析法是利用降维的思想，在损失很少信息的前提下把多个指标转化为几个综合指标的多元统计方法。主成分分析法的具体步骤如下。

首先，检验指标体系是否适合做主成分分析。主成分分析法的前提条件是有科学合理的指标体系。目前KMO检验和巴特利特球度检验是最常用的相关性检验方法。KMO检验的值在0~1，其值越接近1就表明越适合做主成分分析；而巴特利特球度检验结果的显著水平若小于5%的，就说明变量能够进行主成分分析。

其次，提取主成分。采取主成分分析法，把因子方差的贡献率从高到低排序，提取使得累积贡献率超过80%的几个因子作为主成分。

最后，通过主成分分析确定系数并计算综合评价得分。可通过下面的数学模型来表示，设原有 p 个变量 $x_1, x_2, x_3, \cdots, x_p$，且每个变量的均值为 0，标准差为 1。现将每个原有变量用 $k(k<p)$ 个主成分 $f_1, f_2, f_3, \cdots, f_k$ 的线性组合来表示，即有

$$\begin{cases} x_1 = a_{11}f_1 + a_{12}f_2 + a_{13}f_3 + \cdots + a_{1k}f_k + \varepsilon_1 \\ x_2 = a_{21}f_1 + a_{22}f_2 + a_{23}f_3 + \cdots + a_{2k}f_k + \varepsilon_2 \\ x_3 = a_{31}f_1 + a_{32}f_2 + a_{33}f_3 + \cdots + a_{3k}f_k + \varepsilon_3 \\ \cdots \\ x_p = a_{p1}f_1 + a_{p2}f_2 + a_{p3}f_3 + \cdots + a_{pk}f_k + \varepsilon_p \end{cases} \quad (6.1)$$

表示成矩阵形式为：

$$X = AF + \varepsilon \quad (6.2)$$

式中：F 为主成分；A 为因子载荷矩阵；a_{ij} 为成分载荷，表示 x_i 在坐标轴 f_j 上的投影，a_{ij} 的绝对值越大，x_i 和 f_j 之间的相关性越高；ε 为特殊因子，相当于残差部分。

当提取的主成分累积方差贡献率超过 80% 时，说明这几个公因子具有代表性，且各个成分所代表的信息不重复也不相关。最后，只需以主成分的方差贡献率与总方差贡献率的比值作为权重，得出评价体系的综合评价结果。

6.2.2 评价指标体系构建

分布在河北省各市的村镇银行的网点发展水平各不相同，以 2020 年设立在雄安的投资管理行——中银富登村镇银行为例，其注册资本增资到 20 亿元，是普通村镇银行的几十倍，其以机构网点附带的金融资源也远远大于其他村镇银行，仅仅以机构网点衡量空间布局是片面的。因此，本书将基于物理网点附属资源维度的指标纳入空间布局的量化体系，突破了仅仅从网点分布研究空间布局的局限，使最终的结果更有准确性和代表性。因此，在一级指标维度中，加入了人力资源和经营实力量化村镇银行的空间布局，以此分析金融资源的分布状况，即选取机构网点、人力资源和经营实力为一级指标。

不同学者对于机构网点指标的构建都赋予不同地理特征的变量，如张家瑞（2018）引用地理集中指数、标准差椭圆和核密度 3 种方法对辽宁省农村中小金融机构的空间分布状况进行了量化，得出其空间分布不均匀、网点变化率各有差异的结论；刘娅娜（2019）以全国金融产业的 POI 数据作为支撑，采用核密度方法，借助 Arcgis 10.3 软件，对我国金融产业集聚的空间格局进行可视化研究，得出我国金

融产业集聚有明显的空间差异性，整体的分布与全国经济发展总体水平相吻合；程惠霞等（2020）采用经济金融密度、人口金融密度、地理金融密度为衡量指标，考察2007—2018年新型农村金融机构空间分布与扩散特征，得出其空间分布存在省级差异和地区不均衡、网点扩散基本遵循从经济发展水平较好地区到经济发展欠佳地区、人口密度较大地区到人口密度低地区等路径。

由于核密度法需要精确到银行网点的具体位置且软件处理后获取的仅是区间值，无法精确每个市的具体密度值，地理集中指数法的计算需要涉及每个县网点的具体数量，在县域覆盖率没有达到100%的情况下无法计算，而标准差椭圆法是根据网点分布量化中心偏移状况，并不能对各市网点分布特征进行测量。而程惠霞等（2020）的量化指标"金融密度"能够很好地克服以上3种方法的缺陷，指标既包括地域特征又可以精准地计算分布水平。因此最终选取经济金融密度、人口金融密度、地理金融密度3个指标为机构网点的二级指标。关于人力资源和经营实力二级指标的选取，可参考的文献十分有限，根据村镇银行"支农支小"以及中小银行的属性，在综合考虑数据可得性的基础上，最终选取了从业人员、服务可得性、福利水平作为人力资源的二级指标，平均注册资本、最大持股比例以及经营评分作为经营实力的二级指标。表6-4为村镇银行空间布局均衡水平评价指标及定义。

表6-4 村镇银行空间布局均衡水平评价指标及其定义

一级指标	二级指标	指标含义	计算公式
机构网点	经济金融密度	每1 000亿GDP拥有的网点数量	村镇银行数量/GDP（个/1 000亿）
	人口金融密度	每100万人拥有的网点数量	村镇银行数量/人口数（个/100万）
	地理金融密度	每公顷拥有的网点数量	村镇银行数量/面积（个/公顷）
	县域覆盖率	村镇银行的覆盖广度	设立村镇银行县域数量/省内所有县域
人力资源	从业人员	每家网点的从业人员数量	从业人员数量/网点数（人/家）
	服务可得性	每1 000万人口拥有的从业人员数量	从业人员数量/人口数量（人/1 000万）
	福利水平	网点平均参保人数	参保总数/网点数量（人/个）

(续表)

一级指标	二级指标	指标含义	计算公式
经营实力	平均注册资本	网点的平均注册资本	注册资本总额/网点数量（万元/个）
	最大持股比例	网点的平均最大持股比	最大持股比总数/网点数量（百分比/家）
	经营评分	整体运营的水平	天眼查运营综合评分

（1）机构网点指标

金融密度是机构网点最具有代表性的体现，可以从多方面衡量，主要反映剔除了某些因素以后，金融资源在特定地理范围内的聚集和分散程度，一般主要从经济、人口和地理三方面衡量金融密度。经济金融密度剔除了经济水平对金融密度的影响，人口金融密度剔除了人口数量对金融密度的影响，地理金融密度剔除地理面积的影响，3个指标使各市处于同一量纲下进行比较。

（2）人力资源指标

村镇银行是主要设立在县域的金融机构，其县域覆盖率反映了各市村镇银行的服务可达性，是衡量村镇银行机构网点布局的关键指标，也能够体现村镇银行的服务广度；村镇银行的从业人员是持续经营的基础，从业人员数量反映了人力资源的规模，也体现了村镇银行在某个地理范围内的吸储能力和社会辐射范围。

居民的服务可得性是评价村镇银行空间布局的标准之一，获得的从业人员数量越多，获取服务也就越便利，服务可得性就越高，越有利于普惠金融的发展；福利水平以参保人数量化，反映了村镇银行的劳动关系和福利政策，是人力资源管理的一种策略，与银行的可持续发展能力紧密相关，同时也反映了村镇银行在一定时期内支配有教育、能力、技能、经验、体力等对银行发展具有贡献作用的人力资源的能力。

（3）经营实力指标

注册资本反映了村镇银行业务扩展、吸储能力以及抵抗风险等经营实力；一般平均注册资本越高，经营实力越强，银行的可持续发展能力较好，各区域的平均注册资本（域内注册资本总额/网点数量）反映了整体的平均经营实力；村镇银行的最大持股比例是发起行对其控股的占比，某些发起行会通过增加持股比例参与村镇银行的决策与经营，从而达到控制的目的，通过对各市平均最大持股比例的统计，间接反映村镇银行的自主决策能力,从而比较各市的经营实力;对于经营评分,目前村镇银行监管注册部门并没有形成较为完善的经营评测系统,各市的对外公布数据也十分有限,涉及各家银行的微观数据也少之又少,天眼查信息查询平台汇集了各个村镇银行自成立以来发生的资产规模、负债、营业收入、员工人数、成立年限、股东背景、企业性质、工商信誉和违法情况等多种维度的经营实力信息,目前收集到的有"90+"一级维度,细分有"300+"维度,形成了客观、综合的百分制评分系统,对经营实力的量化较为客观公正。

6.3 河北省村镇银行空间布局均衡水平评价实证分析

6.3.1 指标的空间量化

基于河北省村镇银行的空间分布现状,主要从机构网点、人力资源和经营实力3个维度量化其空间布局,以此分析金融资源的分布状况,得出河北省整体的空间布局状态。选取截至2020年12月底成立的110家村镇银行总行的各项数据进行空间布局的量化。

(1) 机构网点指标的空间量化

根据表6-4的公式计算出2020年12月底各市村镇银行网点的金融密度,经Arcgis软件处理后,得到金融密度空间量化分布。

①经济金融密度。承德的经济金融密度最高,每1 000亿元GDP平均拥有20~25家村镇银行,其次是张家口,平均有15~20家。处于河北省中部的廊坊、沧州和衡水平均拥有10~15家村镇银行,而保定、石家庄和邢台拥有5~10家,这6个城市处于中等水平的经济金融密度。此外,位于最南部的邯郸和最东部的秦皇岛和唐山,处于最低的水平,平均每1 000亿GDP只有0~5家,村镇银行网点建设水平还有待提高,同时,网点扩建也要最大限度地带动域内经济水平的发展。

②人口金融密度。承德、张家口、廊坊和沧州市的人口金融密度最高,均处于每100万人拥有6~10家村镇银行的水平。保定、石家庄、邢台、唐山以及衡水处于中等水平,平均拥有2~6家。邯郸和秦皇岛平均只有0~2家,金融密度最低。理论上,人口密集的地方,村镇银行网点设置同样也密集,但对于石家庄、保定和邯郸这样的人口大市,其人口金融密度却处于中下等水平,说明村镇银行空间网点布局依然存在不合理的现象,不利于普惠金融的发展,也容易导致金融排斥的

现象。

③地理金融密度。承德的地理金融密度最高，达到了每公顷拥有49家机构网点的水平，仅次于承德的是沧州，平均拥有38家村镇银行，两市均处于较高的密度水平。张家口、廊坊、保定、衡水和邢台5市处于平均拥有10~30家村镇银行的中等水平。此外，处于东部的秦皇岛和唐山，以及南部的石家庄和邯郸，每公顷仅0~10家网点，这与市内的交通便利程度以及基础设施建设密切相关，对于交通便利的石家庄来讲，其唯独地理金融面积处于最低水平，说明基于地理面积的银行网点建设不合理。

整体观察，北半部分市区的金融密度高于南半部分市区，但各类金融密度在各区域的发展水平存在一定差异，北部的承德和张家口金融密度较高，东部的秦皇岛和唐山以及南部的邯郸明显低于其他各市，其他市区的金融密度综合来讲处于中等水平。

④县域覆盖率。图6-4为对各市村镇银行县域覆盖率的统计。

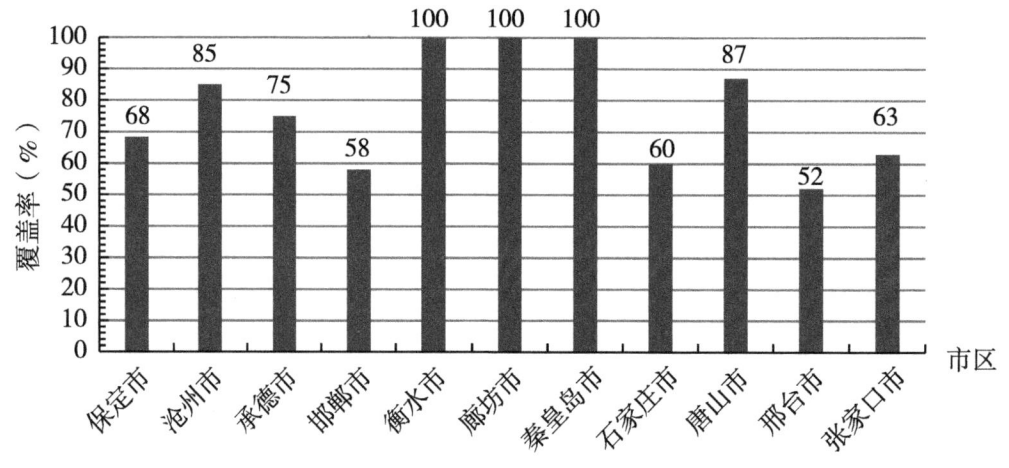

图6-4 各市村镇银行县域覆盖率

由图6-4可知，衡水、廊坊和秦皇岛的覆盖率最高，每个县域均有村镇银行的分布，达到100%的全部县域覆盖，其中对于秦皇岛来说，虽然市内的网点数量不多，但行政县少，覆盖广泛。其次是唐山、沧州和承德，村镇银行的县域覆盖率分别为87%、85%和75%，处于中等水平。其他各市的覆盖率均在50%~70%，并没有低于50%的覆盖率，说明河北省村镇银行的县域可达度较高，大部分县域都有村镇银行的分布，也验证了研究其空间布局的价值。

(2) 人力资源指标的空间量化

①从业人员。村镇银行的从业人员是自身经营的基础，表6-5为对各市平均每家村镇银行从业人员数量的统计。

表6-5 各市村镇银行从业人员数量均值

市区	网点数量（家）	从业人员数量（人）	均值（人）
保定市	16	715	45
沧州市	13	748	58
承德市	6	423	70
邯郸市	10	390	39
衡水市	10	455	46
廊坊市	11	650	59
秦皇岛市	4	130	33
石家庄市	12	585	49
唐山市	8	520	65
邢台市	10	455	46
张家口市	10	488	49
总计	110	5 558	51

由表6-5可知，大部分市的平均从业人员数量差距不大，在50人左右。在11个市区中，承德的平均从业人员数量为70人，是所有市区中人数最大的市区。沧州、廊坊和唐山的数量仅次于承德，数值均在50~70人。其次，秦皇岛的平均人数最少，仅有33人。河北省整体平均每家从业人数为51人，符合中小银行的经营规模。

②服务可得性。在互联网迅速席卷金融市场的今天，类似于ATM的终端服务器的应用越来越广泛，大多数银行基本实现智能化，人工服务的窗口越来越少，但对于立足"三农"的村镇银行来讲，服务的是农村金融市场，面对的是老龄化趋势严重的农村居民，某些智能服务终端并不能得到很好的利用，还需要借助一定的人工服务才能实现正常经营。从业人员数量越多，获取服务也就越便利，服务可得性就越高，越有利于普惠金融的发展。

廊坊和承德的水平较高，平均每1 000万人分别拥有16人和14.7人的从业人员，服务可得性较高。其次是张家口、保定、石家庄和衡水，每千万人可获得5~

10人的从业人员，基本处于中等层次。秦皇岛、唐山、邢台和邯郸的服务可得性仅有0~5人，其中秦皇岛只有2人，服务可得性水平最低。

③福利水平。由于成立一家有限责任公司至少要两个或两个以上的自然人和法人为代表，所以村镇银行的参保人数至少为2人。

廊坊和承德的平均参保人数最多，分别达到53.9人和60.6人，两市村镇银行的规模和福利水平都较高。张家口、唐山、沧州、石家庄和邢台的平均人数在35~45人，保定和衡水的仅次于以上5市人数，分别为31.3人和34.7人。只有秦皇岛市的参保人数明显低于其他各市，平均每家村镇银行总行只有16.7人参保，福利水平与其他各市相差甚远。

（3）经营实力指标的空间量化

①平均注册资本。一般平均注册资本越高，经营实力越强，银行的可持续发展能力较好。图6-5为对各市村镇平均注册资本的统计。

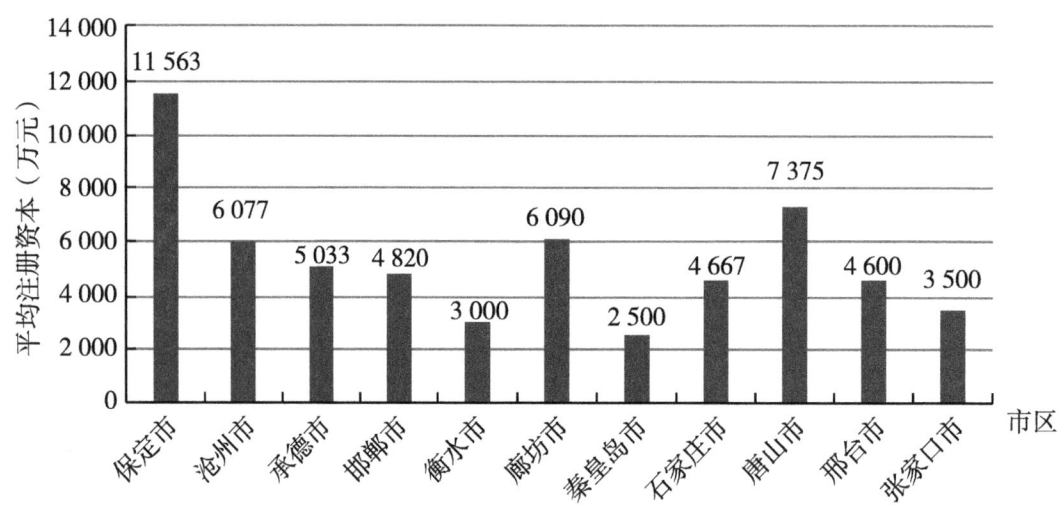

图6-5 各市村镇银行平均注册资本

由图6-5可知，保定的村镇银行平均注册资本最高，达到了11 563万元，平均注册资本最少的是秦皇岛，仅仅有2 500万元，保定是其金额的4倍多。其次，沧州、承德、廊坊和唐山的平均注册资本均大于5 000万元，在省内处于中等水平。邯郸、衡水、石家庄、邢台和张家口在3 000万~5 000万元，平均注册资本偏低。

②最大持股比例。通过对各市平均最大持股比例的统计，间接反映村镇银行的自主决策能力，从而比较各市的经营实力。表6-6为对各市村镇银行平均最大持股比例统计。

表 6-6 各市村镇银行平均最大持股比例

市区	平均最大持股比例（%）	市区	平均最大持股比例（%）
保定市	48.9	秦皇岛市	51.0
沧州市	47.2	石家庄市	64.4
承德市	43.0	唐山市	50.1
邯郸市	79.5	邢台市	47.8
衡水市	48.3	张家口市	55.7
廊坊市	46.0	平均值	52.8

由表 6-6 可知,河北省村镇银行平均最大持股比例 52.8%,超过了 50%,说明河北省整体的发展经营实力受限,受发起行的控制较大,甚至邯郸和石家庄分别达到了 79.5% 和 64.4%。秦皇岛、张家口和唐山的平均持股比例均在 50% 以上,分别是 51.0%、55.7% 和 50.1%,银行的自主决策能力还是较弱。其余各市的最大持股比例均在 50% 以下,其中最小的承德为 43.0%,说明村镇银行经营策略的制定有较强灵活性,发展空间较大。

③经营评分。借鉴天眼查的综合评分系统来评价各市村镇银行的经营实力。图 6-6 为对各市村镇银行综合评分均值的统计。

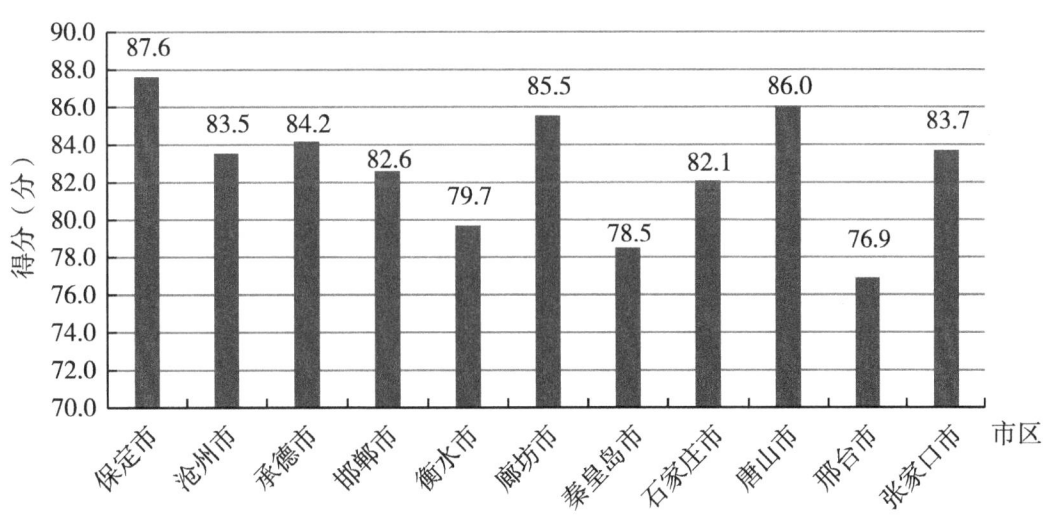

图 6-6 各市村镇银行平均经营评分

由图 6-6 可知,经营评分较高的是保定、廊坊和唐山,分别为 87.6 分、85.5

分和86.0分。往下依次为承德、张家口、沧州、邯郸、石家庄，综合测评的均值在80~85。均值处在较低水平的是衡水、秦皇岛和邢台，得分均在80分以下，虽然在均值上低于其他各市，但差距并不明显。

6.3.2 空间布局均衡水平的描述性统计

对评价指标的平均值和标准差进行描述性统计，并预测各个指标与最终得分的相关性方向，表6-7为对村镇银行空间布局量化的基础指标的统计。

表6-7 村镇银行空间布局量化的基础指标

维度	指标	平均值	标准差	相关性方向
机构网点	$X1$ 经济金融密度	10.607	5.927	+
	$X2$ 人口金融密度	4.657	2.766	+
	$X3$ 地理金融密度	18.469	13.900	+
	$X4$ 县域覆盖率	0.771	0.173	+
人力资源	$X5$ 从业人员	51.000	10.769	+
	$X6$ 服务可得性	7.451	4.425	+
	$X7$ 福利水平	39.062	11.024	+
经营实力	$X8$ 平均注册资本	5 384.029	2 378.647	−
	$X9$ 最大持股比例	52.800	10.007	+
	$X10$ 经营评分	82.760	3.129	−

从表6-7可知，从各指标的平均值上看，在机构网点方面，地理金融密度最高，达到了每公顷拥有18家村镇银行网点的水平，各市的平均县域覆盖率为77.1%，仍处于较高的水平；在人力资源方面，每家村镇银行平均约39位员工参保，福利水平较高，而服务可得性较低，平均每1 000万人约有7.4位从业人员；在经营实力方面，两个指标的平均值均处于中等水平。从各指标的标准差上看，注册资本的标准差达到约2 378，说明各市的注册资本差距较大，其余指标的标准差都较小，数据分布较为集中，各市水平差异较小。相关性方向除平均注册资本与经营评分呈负向相关外，其余均为正相关。

(1) 冀北地区的机构网点布局较为密集

从空间角度对金融资源在各区域分布情况的量化发现，位于冀北的承德、张家口和廊坊等市的金融密度明显高于其他各市，且发现从北向南，密度深度逐渐降低,说明冀北地区的金融资源分布较为密集。金融资源在河北省北部小范围内呈现空间聚集的特征,而在整个河北省的分布空间相关性较小,呈现出空间分散的特征。

(2) 人力资源地域分布特征较为随机

通过对人力资源指标中服务可得性和福利水平的空间量化发现,各市的数值分布较为分散,没有明显的空间相关性,金融资源分布的大小与区域邻接距离远近并无规律可循。由于村镇银行的县域特征较为明显,位于各地的设置和发展状况也存在差别,人力资源作为机构设置的硬件条件,其分布与当地的需求和规模有明显的差异,所以空间特征比较随机。

(3) 冀中地区的经营实力偏高

量化以平均注册资本和经营评分为代表的经营实力发现,位于冀中的保定、廊坊和唐山的3个指标均高于其他各市区,经营实力强的村镇银行集中分布于冀中地区。由于最大持股比例的作用与其他各类指标不同,且受发起行和银行自身发展的影响较大,所以其空间分布较为随机,并无明显的空间特征。

6.3.3 空间布局均衡水平的实证结果

(1) 模型检验

由于不同指标的数据在单位和数量级上存在明显差异,为使得数据具有可比性,因此需要采用归一化处理数据,将所有数据映射到"0~1"区间。运用SPSS 24.0软件对10个指标进行检验,具体结果如表6-8所示,KMO值为0.629>0.6,且巴特利特球形度检验的显著性为0.00<0.05,检验均呈通过状态,说明指标具有结构效度,适合做主成分分析。

表6-8 KMO和Bartlett检验

KMO取样适切性量数		0.629
巴特利特球形度检验	近似卡方	1 871.349
	自由度	45
	显著性	0.000

(2) 主成分的确定

从图6-7所示的主成分碎石图可以看出,前3个主成分的特征值大于1,且下降趋势陡峭,从第 4 个主成分开始,特征值小于 1,且下降趋势逐渐平缓,因此欲提取前 3 个主成分衡量整个综合指标体系。但是,从总方差解释累计百分比观察可知,前 3 个成分的累积百分比为 70.740%,小于 75%,成分的代表性不高,为了使提取的成分更具有说服力,选取了特征值大于 0.9 的 4 个主成分衡量指标体系。

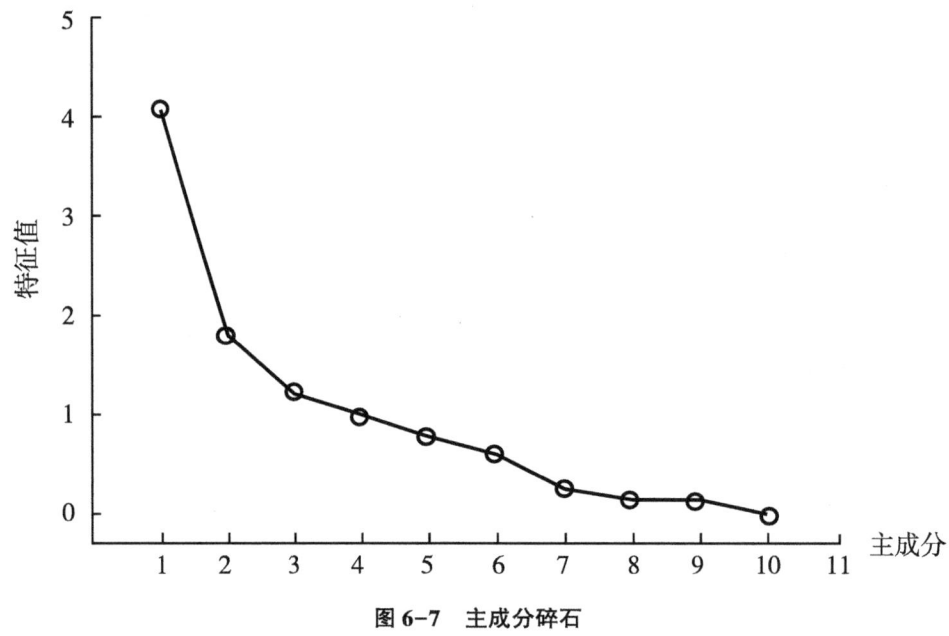

图 6-7 主成分碎石

然后,从公共因子方差的角度检验模型的模拟效果,公共因子方差表示原始变量被因子解释的比例,是成分矩阵中每一行中每个载荷值的平方和。从表 6-9 变量共同度可以看出,变量的公因子方差均大于 0.5,说明变量可以被提取的主成分表达,选取的 10 个变量符合要求。

表 6-9 公因子方差提取

项目	初始	提取	项目	初始	提取
$X1$	1	0.859	$X6$	1	0.933
$X2$	1	0.933	$X7$	1	0.915
$X3$	1	0.819	$X8$	1	0.726
$X4$	1	0.57	$X9$	1	0.68
$X5$	1	0.912	$X10$	1	0.71

从表6-10中可以看出，成分1、成分2、成分3和成分4对模型的总方差解释已达到80.584%，表明前4个主成分可以较好地代表原始变量，模型主成分提取也比较理想。

表6-10 总方差解释

成分	初始特征值			提取载荷平方和		
	总计	方差百分比	累积（%）	总计	方差百分比	累积（%）
1	4.086	40.864	40.864	4.086	40.864	40.864
2	1.780	17.804	58.668	1.780	17.804	58.668
3	1.207	12.072	70.740	1.207	12.072	70.740
4	0.984	9.845	80.584	0.984	9.845	80.584
5	0.793	7.927	88.511			
6	0.612	6.117	94.627			
7	0.262	2.619	97.247			
8	0.150	1.502	98.749			
9	0.125	1.251	100.000			
10	8.569E-7	8.569E-6	100.000			

提取方法：主成分分析法。

（3）载荷的量化

将提取的4个主成分作为量化村镇银行空间布局的主成分。其主成分载荷矩阵如表6-11所示。

表6-11 主成分载荷矩阵

项目	成分			
	1	2	3	4
$X2$	0.943	-0.159	0.094	0.094
$X6$	0.943	-0.159	0.094	0.094
$X3$	0.874	-0.166	0.083	0.145
$X1$	0.858	-0.207	0.006	0.282

(续表)

项目	成分			
	1	2	3	4
X5	0.393	0.831	-0.259	-0.003
X7	0.423	0.751	-0.393	0.136
X8	-0.008	0.448	0.699	0.192
X10	0.140	0.426	0.612	-0.367
X9	-0.455	0.003	0.286	0.626
X4	0.497	-0.152	0.127	-0.533

通过主成分的载荷矩阵，得到了各个指标的系数，由此得到个主成分得分公式如下：

$$F1 = 0.858X1 + 0.943X2 + 0.874X3 + 0.497X4 + 0.393X5 + 0.943X6 + 0.432X7 - 0.008X8 - 0.455X9 + 0.140X10 \quad (6.3)$$

$$F2 = -0.207X1 - 0.159X2 - 0.166X3 - 0.152X4 + 0.831X5 - 0.159X6 + 0.751X7 + 0.448X8 + 0.003X9 + 0.426X10 \quad (6.4)$$

$$F3 = 0.006X1 + 0.094X2 + 0.083X3 + 0.127X4 - 0.259X5 + 0.094X6 - 0.393X7 + 0.699X8 + 0.286X9 + 0.612X10 \quad (6.5)$$

$$F4 = 0.282X1 + 0.094X2 + 0.145X3 - 0.533X4 - 0.003X5 + 0.094X6 + 0.136X7 + 0.192X8 + 0.626X9 - 0.367X10 \quad (6.6)$$

根据表6-9的方差百分比，可以得出村镇银行空间布局量化的公式为：

$$F = 0.40864F1 + 0.17804F2 + 0.12072F3 + 0.09845F4 \quad (6.7)$$

其中，F 为村镇银行空间布局得分，$F1$、$F2$、$F3$、$F4$ 分别为4个主成分得分。

(4) 综合得分的确定

通过以上对解释变量系数的确定，对河北省11个市的110家村镇银行总行的空间布局进行测度，从而得出每家村镇银行空间布局量化得分，进而比较各市整体的水平。通过阅读和整理文献发现，以往并没有学者对其空间布局进行过量化，为了更客观清晰地量化其水平，以百分制的形式给出得分。表6-12为河北省110家村镇银行的空间布局得分。

表 6-12 河北省 110 家村镇银行空间布局量化结果

编号	得分（分）	编号	得分（分）	编号	得分（分）
1	55	38	36	75	37
2	54	39	36	76	37
3	51	40	39	77	37
4	55	41	39	78	37
5	58	42	38	79	33
6	54	43	38	80	34
7	54	44	38	81	37
8	51	45	38	82	37
9	51	46	89	83	78
10	60	47	90	84	76
11	60	48	86	85	74
12	48	49	86	86	74
13	49	50	86	87	76
14	47	51	90	88	74
15	54	52	90	89	72
16	60	53	88	90	70
17	76	54	86	91	36
18	73	55	88	92	28
19	63	56	91	93	26
20	76	57	94	94	28
21	73	58	94	95	1
22	73	59	89	96	28
23	73	60	90	97	28
24	72	61	90	98	28
25	72	62	94	99	28
26	78	63	90	100	28
27	73	64	90	101	41
28	72	65	100	102	41
29	72	66	90	103	36
30	56	67	90	104	40
31	60	68	87	105	40
32	66	69	87	106	40
33	60	70	86	107	40
34	59	71	37	108	36
35	59	72	35	109	36
36	40	73	37	110	40
37	36	74	37	均值	59

由表 6-12 可知，在所有总行中只有 1 家村镇银行的得分为 100 分，占比 0.9%。90 分（含）以上的有 14 家，占比达到了 12.8%；得分在 [80, 90) 分的有 11 家，占比为 10%；得分在 [70, 80) 分的有 20 家，占比为 18.2%；而 [60,

70)分的仅有 7 家,仅占总数的 6.4%。剩余的 58 家村镇银行的得分均在 60 分以下,不及格率超过了 50%。在这些银行中,有 13 家的得分在 [50,60) 分,其他 45 家的得分在 50 分以下,占比达到 40.9%。同时,为了了解各区域具体得分的差异状况,对其市区均值、极差、标准差和区域均值、位次进行了统计,如表 6-13 所示。

表 6-13 各市及各区域统计

区域	市区	市区均值	极差	标准差	区域均值	位次
冀北	承德市	60.05	9.91	2.95	62.40	2
	张家口市	39.35	4.71	1.90		
	秦皇岛市	87.80	3.88	1.41		
冀中	保定市	53.77	13.54	4.11	73.24	1
	沧州市	72.85	14.89	3.32		
	廊坊市	92.07	11.44	3.07		
	唐山市	74.27	8.43	2.38		
冀南	石家庄市	39.35	4.71	1.90	47.74	3
	衡水市	88.10	3.96	1.65		
	邯郸市	37.82	4.05	1.27		
	邢台市	25.67	34.57	8.59		

由表 6-13 可知,各市的综合得分均值相差较大。例如秦皇岛、廊坊以及衡水的均值分别达到 87.80、92.07 和 88.10,而位于冀南的邯郸和邢台,得分只有 37.82 和 25.67,说明各区域的水平差距较大。从各市得分的极差值(最大值与最小值的差)来看,保定、沧州、廊坊和邢台等地的极差均大于 10,尤其是邢台的极差值达到 34.57,数据的离散程度较大,也导致标准差的值较大,如邢台的标准差达到 8.59。此外,将河北省分为冀北、冀中和冀南 3 个区域,从区域角度分析河北省村镇的整体空间布局,位于冀北地区的张家口、秦皇岛和承德,空间布局得分处于中等水平,综合得分为 62.40;位于冀中地区的保定、廊坊、沧州和唐山综合得分最高,达到 73.24 的水平;位于冀南地区的市区,除衡水外,其他各市的均值都在 50 以下,平均得分最低,只有 47.74,与冀北、冀中地区相差较大。从地理位置看,冀中地区环津的 3 个市区唐山、廊坊和沧州,平均得分较高,说明天津的资源对河北省起到了辐射带动作用。整体来看,河北省村镇银行空间布局量化得分较

低，冀南、冀中和冀北区域的发展不均衡，域内建设还有较大的提升空间。

6.4 结　　论

(1) 河北省村镇银行空间布局得分偏低且布局失衡

一方面，无论从各市的最大值还是均值看，河北省村镇银行的空间布局得分处在较低水平，平均每家村镇银行的得分只有 59 分，还未达到及格。另一方面，无论从整体看还是从部分看，村镇银行的空间布局均处于失衡状态。首先，以各市为统计单位，廊坊、秦皇岛和衡水 3 个市区村镇银行得分的均值在 80 分以上，以各区域为统计单位，只有冀中的均值达到了 73.24 分，冀北和冀南的均值都低于 65 分。其次，从最大值和最小值观察，邢台市的极差达到 34.57，其他各市虽然域内的极差不是特别大，但从河北省内整体观察，极差达到 99。

(2) 村镇银行经营实力不高导致其空间布局综合得分偏低

在综合得分评价体系构建的过程中，从机构网点、人力资源和经营实力三个维度中所选取的 10 个指标，对最终综合得分的贡献和决定程度各不相同。经营实力中的平均注册资本、最大持股比例和经营评分指标的系数明显高于其他指标，尤其是经营评分的系数与其他各系数的差距明显，主成分在 $X8$、$X9$ 和 $X10$ 上的载荷，无论是负数还是正数，都是较大的。说明经营实力对综合得分的决定程度较大，说明经营实力越低，资源积累越少，综合得分也就很低。河北省村镇银行整体的空间布局得分偏低，在一定程度上说明村镇银行的经营实力不高，资源对社会的辐射作用就越小，在空间上的布局就不合理，最终导致空间布局的不合理。

(3) 村镇银行机构网点和人力资源差距导致区域发展失衡

以冀北、冀中和冀南的区域划分为基础得出空间布局综合得分的差异，是空间布局失衡的体现。尤其是冀中和冀南，其综合得分分别是 73.24 分和 47.74 分，两区域的综合得分差异达到 25.5 分，冀南和冀北的差距也达到 14.66 分。主成分 1 中的贡献率最大，说明其对综合得分的决定程度最大，从主成分 1 的各变量系数观察，机构网点和人力资源变量的系数较大，表示每家村镇银行的原始变量越大，其综合得分越低，原始变量越小，综合得分越高，即机构网点和人力资源两个维度下的指标数值大小决定了综合得分的高低。两维度下的数值差异拉开了最终得分的差距，导致了村镇银行空间布局的失衡。

7 河北省村镇银行发展效果评价
——制度适应性效率

7.1 河北省村镇银行发展制度适应性效率评价方法与指标体系

7.1.1 评价方法的选择

(1) 评价方法选择原则

①客观性。所选取的模型要能客观地反映河北省村镇银行与河北省农村社会经济发展的实际情况,防止由模型分析产生的外界因素影响,所以在模型的选取上必须遵循客观性的原则。

②动态性。适应性是一个动态的过程,因此选取的模型要体现动态的特点,准确地反映河北省村镇银行与农村社会经济发展之间的动态关系。

(2) 因子—弹性分析方法简介

主要通过计算河北省村镇银行与河北省农村社会经济发展之间的适应性效率来判断两个系统是否相互协调、相互适应。在以往关于对适应性效率的研究中,沈军(2007)、李志刚(2011)、毕春媛(2015)均采用了因子—弹性分析法对金融、保险等的适应性效率进行研究。借鉴上述学者的研究方法,结合模型选取原则,本书也采用因子—弹性分析法来对这一问题进行实证研究,因子分析的目的是得出系统的综合得分,其步骤见6.2.1节中主成分分析的具体步骤;弹性分析是测度两者之间的协调性,即适应性,具体分以下步骤。

首先,确定基期的村镇银行制度效率值。借鉴李志刚(2011)对保险制度基期效率值的确定方法,对效率值的计算是为了判断其在整个样本期间的变化趋势,因此采用人为规定的方法加以确定,为与后期的数值方便对比,将基期的村镇银行制度适应性效率值定为100。

其次,计算河北省村镇银行与农村社会经济发展的协调性。用函数 $I_q = f(I_p)$ 表示村镇银行系统对农村社会经济系统的影响与制约关系,并用弹性分析来衡量它们之间的协调关系，即：

$$E_{I_qI_p} = \frac{\Delta I_q/I_q(t)}{\Delta I_p/I_p(t)} \quad (7.1)$$

式中，$\Delta I_q = I_q(t+1) - I_q(t)$，$\Delta I_p = I_p(t+1) - I_p(t)$。$I_q(t)$、$I_q(t+1)$、$I_p(t)$ 和 $I_p(t+1)$ 分别为农村社会经济系统和村镇银行系统在 t 时期和 $t+1$ 时期的综合评价因子。$E_{I_qI_p}$ 为村镇银行系统综合因子变化对农村社会经济系统综合因子的影响，即所求的弹性。该弹性对应村镇银行和农村社会经济两系统的协调度，即为村镇银行制度适应性效率的变化 $\Delta C_t(E_{I_qI_p})$。

$$\Delta C_t(E_{I_qI_p}) = E_{I_qI_p} \quad (7.2)$$

最后，计算报告期村镇银行制度效率值。报告期效率值等于基期村镇银行制度效率值加上村镇银行制度适应性效率的变化，记为 $C[I_q(t), I_p(t)]$。

$$C[I_q(t), I_p(t)] = C[I_q(t-1), I_p(t-1)] + \Delta C_{t-1}(E_{I_qI_p}) \quad (7.3)$$

$$C[I_q(t_0+1), I_p(t_0+1)] = 100 + \Delta C_{t_0}(E_{I_qI_p}) \quad (7.4)$$

需要注意的是，村镇银行与农村社会经济发展系统的协调度与村镇银行制度适应性效率的变化应有一定的判别标准。借鉴李志刚（2011）运用保险与社会经济复合系统协调度与保险制度适应性效率变化的判别标准，以及毕春媛（2015）弹性分析下的协调度与金融结构适应性效率变化判别标准，在此基础上进行修改与调整，制定出本研究的判别标准，如表7-1所示。

表7-1 协调度与适应性效率的判别标准

ΔI_q 的符号	$E_{I_qI_p}$ 的符号	协调度	村镇银行制度适应性效率 $\Delta C_t(E_{I_qI_p})$ 的变化
$\Delta I_q > 0$	$E_{I_qI_p} < 0$	极不协调	适应性效率下降2级，$\Delta C_t(E_{I_qI_p}) \times 2$
$\Delta I_q > 0$	$0 < E_{I_qI_p} < 0.5$	强协调	适应性效率上升2级，$\Delta C_t(E_{I_qI_p}) \times 2$
$\Delta I_q > 0$	$0.5 < E_{I_qI_p} < 1$	较为协调	适应性效率上升1级，$\Delta C_t(E_{I_qI_p})$ 不变
$\Delta I_q > 0$	$E_{I_qI_p} = 1$	基本协调	适应性效率不变
$\Delta I_q > 0$	$E_{I_qI_p} > 1$	不协调	适应性效率下降1级，$\Delta C_t(E_{I_qI_p})$ 取负值

7.1.2 评价指标体系构建

(1) 体系构建的原则

①全面性。指标的选取要能够对河北省村镇银行及河北省经济社会发展的各个方面进行综合评价，而不是只对发展速度的衡量。

②科学性。指标的选取必须要有科学性，不仅要能反映村镇银行的发展情况，还要有农村社会经济发展的客观事实作为主要依据。

③可操作性。指标选取时一方面要考虑指标的可得性，尽量使指标数据能在权威的数据库或者网站获取，另一方面要保证所选指标方便进行标准化处理，以排除单位等不统一对数据产生的影响。

④量性指标与质性指标相结合。指标的选取要既能体现出量变又能体现出质变，因为村镇银行的制度适应性不仅包括机构分布等的量变，还包括经营状况等的质变，因此选取指标时要将两个性质的变量都涉及。

(2) 评价指标体系的构建

关于适应性效率评价指标体系的构建研究，最早由沈军（2007）在对1991—2004年中国金融适应性效率进行研究时构建，他的研究侧重金融体系，重点提取了金融效率、金融发展和金融结构研究等金融指标。随后，殷小斌（2009）选取了1994—2007年有关经济增长、金融发展和国有银行债权的季度数据，以回归分析为研究方法，验证我国低效的金融体系构成经济增长的原因。商海岩等（2015）采用广义矩估（GMM）以2004—2012年中31个地区的经济、金融数据建立面板数据模型，考察市场异质性需求和金融布局在产业结构升级过程中发挥的作用。刘勇（2010）收集了1985—2008年农信社农业贷款、农民人均纯收入、农民人均支出等数据用于中国农村信用社制度效率的实证分析。毕春媛（2015）在经济发展的金融结构适应性效率研究中选取了经济发展和金融结构两个指标。李志刚（2011）提取了保险行业与经济社会系统的指标对保险制度适应性效率进行研究，经济社会系统包括社会系统与经济系统，社会系统是指诸如人口、教育和年龄结构等社会环境的发展状况，经济系统是指整个宏观经济的发展状况。

综合上述文献中适应性效率指标体系的构建，以选取原则为依据，结合河北省村镇银行"支农支小"定位和自身小微金融的特点以及河北省农村社会经济发展环境，本书从河北省村镇银行和农村社会经济环境两系统共选取了15个指标，社会经济评价指标包括4个经济发展指标和3个社会发展指标；河北省村镇银行评价指标包括2个总体发展指标、4个经营绩效指标和2个行业地位指标。需要说明的是，村镇银行的评价指标不仅衡量了村镇银行的发展水平，也体现了村镇银行的各项制度。存款余额体现了银行存款管理制度，贷款余额及不良贷款率体现了信贷类制度，资产利润率体现了运营管理制度，涉农贷款占比及县域覆盖率体现了对村镇银行的激励约束制度，资产和人员比重体现了村镇银行的资源配置制度。评价指标及其定义如表7-2所示。

表7-2 评价指标及其定义

一级指标	二级指标	三级指标			
		指标名称	指标定义	指标说明	
河北省农村社会经济评价指标	经济发展指标	农业生产总值占GDP比重	农业生产总值/GDP总额	衡量农业发展状况	
		民营经济增加值占GDP比重	民营经济增加值/GDP总额	衡量中小企业发展状况	
		中小企业利润总额	—	衡量中小企业经营状况	
		农村居民恩格尔系数	—	衡量农村居民生活水平	
	社会发展指标	农村人口占总人口比重	农村人口数/总人口数	衡量潜在农村市场需求	
		农业产业化经营率	产业化经营的农业/农业总体数	衡量农业现代化进程	
		第一产业和中小企业从业人数	—	衡量第一产业和中小企业的就业规模	
河北省村镇银行评价指标	总体发展指标	存款余额	各项存款总和	衡量村镇银行对资金的吸附能力	体现存款管理制度
		贷款余额	贷款总额-已偿还贷款	衡量村镇银行的放贷能力	体现信贷类制度
	财务绩效	不良贷款率	不良贷款额/贷款余额	衡量村镇银行的贷款质量	体现运营管理制度
		资产利润率	净利润/资产平均余额	衡量村镇银行的盈利能力	

(续表)

一级指标	二级指标	三级指标		
		指标名称	指标定义	指标说明
河北省村镇银行评价指标	社会绩效	小微企业和农户贷款余额占比	小微企业与农户贷款余额/总贷款余额	衡量村镇银行的覆盖深度	体现激励约束制度
		村镇银行县域覆盖率	设立村镇银行县域数量/河北省所有县域	衡量村镇银行的覆盖广度	
	行业地位指标	资产比重	村镇银行总资产/占河北省金融机构资产比重	衡量村镇银行在金融行业的地位	体现资源配置制度
		人员比重	村镇银行从业人数/金融机构从业人数		

注：从河北省民营经济领导小组办公室获悉，全省民营企业中小企业占99%以上，因此对1%的民营企业忽略不计，用民营企业的经济增加值代替中小企业的经济增长值。

7.2 河北省村镇银行发展制度适应性效率评价实证分析

7.2.1 样本的选取与处理

通过第2章对河北省村镇银行发展制度演进的定性分析可知，河北省第一家村镇银行在2008年6月成立，2009年没有设立新的村镇银行，到2010年6月河北省第二家村镇银行成立。截至2010年12月底，河北省共成立7家村镇银行，从此村镇银行逐渐在河北省发展起来。结合制度演进的定性分析和上文设计的评价指标，根据所需数据的可得性，选取2010—2019年的数据作为样本，数据来源于河北省统计局、河北新闻网、国家企业信用信息公示系统、中国银行保险监督管理委员会金融许可证信息网、村银网等官方网站以及河北金融统计年鉴。

因这些指标的单位不统一，所以要将其进行归一化处理，变为无单位的纲量。归一化处理公式如下：

$$x'_i = \frac{x_i - \min(x_i)}{\max(x_i) - \min(x_i)} \quad (7.5)$$

式中，x'_i 为线性归一化处理后的指标值，x_i 为原始指标值，$\min(x_i)$ 为变量 x_i 中的最小值，$\max(x_i)$ 为变量 x_i 中的最大值。

7.2.2 因子分析及其结果

（1）农村社会经济发展指标的因子分析

①相关系数矩阵。由表 7-3 可知，原始数据大部分变量的相关系数均大于 0.3，原有变量的相关性都很高，各变量呈较强的线性关系，能够从中提取公因子，可以进行因子分析。

表 7-3 原有变量的相关系数矩阵

	项目	相关矩阵						
		农业生产总值占GDP比重	农村居民恩格尔系数	民营经济增加值占GDP比重	中小企业利润总额	农村人口占总人口比重	第一产业和中小企业从业人数	农业产业化经营率
相关性	农业生产总值占GDP比重	1	0.887	-0.88	0.376	0.912	0.885	-0.93
	农村居民恩格尔系数	0.887	1	-0.908	0.266	0.876	0.887	-0.934
	民营经济增加值占GDP比重	-0.88	-0.908	1	-0.124	-0.822	-0.895	0.93
	中小企业利润总额	0.376	0.266	-0.124	1	0.579	0.45	-0.246
	农村人口占总人口比重	0.912	0.876	-0.822	0.579	1	0.972	-0.93
	第一产业和中小企业从业人数	0.885	0.887	-0.895	0.45	0.972	1	-0.95
	农业产业化经营率	-0.93	-0.934	0.93	-0.246	-0.93	-0.95	1

②KMO 和 Bartlett 的检验。由表 7-4 可知，KMO 检验的值为 0.698，做因子分析一般合适；Bartlett's 概率 P 值接近 0，小于显著性水平 α，也说明这些指标变量之间适合做因子分析。综合两种检验可以确定，农村社会经济发展的评价指标可以

做因子分析。

表7-4　KMO 和 Bartlett 的检验结果

KMO 和 Bartlett 的检验		
取样足够度的 Kaiser-Meyer-Olkin 度量		0.698
Bartlett 的球形度检验	近似卡方	98.196
	df	21
	Sig.	0.000

③提取公因子。由表7-5可知，第1个公因子累计方差贡献率就已达到75.142%，处于较高水平，为了能够获得1个客观的指标权重值，多提取了1个公因子，使累计方差贡献率达到95.577%。表明这2个公因子可以涵盖原变量中95.577%的信息，符合因子分析的要求。其因子分析的载荷矩阵如表7-6所示。

表7-5　农村社会经济评价指标解释的总方差

	总方差解释								
	初始特征值			提取载荷平方和			旋转载荷平方和		
成分	总计	方差百分比	累积(%)	总计	方差百分比	累积(%)	总计	方差百分比	累积(%)
1	5.683	81.189	81.189	5.683	81.189	81.189	5.26	75.142	75.142
2	1.007	14.387	95.577	1.007	14.387	95.577	1.43	20.435	95.577
3	0.121	1.735	97.311						
4	0.103	1.476	98.787						
5	0.077	1.099	99.886						
6	0.007	0.095	99.981						
7	0.001	0.019	100						

表7-6　农村社会经济发展评价指标的因子载荷矩阵（成分矩阵[a]）

项目	成分	
	1	2
第一产业和中小企业从业人数	0.976	0.052
农业产业化经营率	−0.975	0.17

(续表)

项目	成分	
	1	2
农村人口占总人口比重	0.973	0.198
农业生产总值占 GDP 比重	0.945	-0.157
农村居民恩格尔系数	0.945	-0.157
民营经济增加值占 GDP 比重	-0.924	0.307
中小企业利润总额	0.42	0.904

注：a 为成分矩阵的代表符号。

由表 7-6 可知，7 个变量在第 1 个因子上的载荷都很高，意味着它们与第 1 个因子的相关程度高；第 2 个因子与原有变量的相关性均很小，它对原有变量的解释作用不显著。另外，可以发现这 2 个因子的实际含义比较模糊，因此要对其进行因子旋转。

④因子旋转。这里采用方差最大法对因子载荷矩阵进行正交旋转。分析结果如表 7-7 所示。由表 7-7 可知，农业产业化经营率、民营经济增加值占 GDP 比重、农村居民恩格尔系数、农业生产总值占 GDP 比重、第一产业和中小企业从业人数、农村人口占总人口比重等指标在第 1 个因子上有较高的载荷，可解释为"三农"发展水平；中小企业利润总额在第 2 个因子上有较高的载荷，可解释为中小企业发展因子。

表 7-7 农村社会经济发展评价指标旋转后的因子载荷矩阵（旋转后的成分矩阵[a]）

项目	成分	
	1	2
农业产业化经营率	-0.981	-0.131
民营经济增加值占 GDP 比重	-0.974	0.015
农村居民恩格尔系数	0.948	0.135
农业生产总值占 GDP 比重	0.918	0.261
第一产业和中小企业从业人数	0.915	0.343
农村人口占总人口比重	0.868	0.482
中小企业利润总额	0.129	0.988

注：a 为旋转后的成分矩阵。

⑤计算因子得分。由表 7-8 可以得到各因子的得分,由此可以得到最终的因子得分公式。

$F1 = 0.168 \times$ 农业生产总值占 GDP 比重 $+ 0.205 \times$ 农村居民恩格尔系数 $- 0.247 \times$ 民营经济增加值占 GDP 比重 $- 0.2 \times$ 中小企业利润总额 $+ 0.104 \times$ 农村人口占总人口比重 $+ 0.148 \times$ 第一产业和中小企业从业人数 $- 0.214 \times$ 农业产业化经营率 (7.6)

$F2 = 0.025 \times$ 农业生产总值占 GDP 比重 $- 0.098 \times$ 农村居民恩格尔系数 $+ 0.242 \times$ 民营经济增加值占 GDP 比重 $+ 0.878 \times$ 中小企业利润总额 $+ 0.239 \times$ 农村人口占总人口比重 $+ 0.1 \times$ 第一产业和中小企业从业人数 $+ 0.109 \times$ 农业产业化经营率 (7.7)

综合得分:$Z1 = 75.142/95.577 F1 + 20.435/95.577 F2$ (7.8)

表 7-8 农村社会经济发展评价指标的因子得分系数矩阵(成分得分系数矩阵)

项目	成分	
	1	2
农业生产总值占 GDP 比重	0.168	0.025
农村居民恩格尔系数	0.205	-0.098
民营经济增加值占 GDP 比重	-0.247	0.242
中小企业利润总额	-0.2	0.878
农村人口占总人口比重	0.104	0.239
第一产业和中小企业从业人数	0.148	0.1
农业产业化经营率	-0.214	0.109

(2) 村镇银行发展指标的因子分析

①相关系数矩阵。如表 7-9 所示,原有变量的相关系数较高,各变量呈较强的线性关系,能够从中提取公因子,适合做因子分析。

表 7-9 原有变量的相关系数矩阵(相关性矩阵)

	项目	存款余额	贷款余额	不良贷款率	资产利润率	小微企业和农户贷款余额占比	村镇银行县域覆盖率	资产比重	人员比重
相关性	存款余额	1	0.998	0.7	0.977	0.404	0.988	0.987	0.962
	贷款余额	0.998	1	0.677	0.984	0.436	0.991	0.992	0.969
	不良贷款率	0.7	0.677	1	0.624	0.144	0.653	0.617	0.577

(续表)

项目		存款余额	贷款余额	不良贷款率	资产利润率	小微企业和农户贷款余额占比	村镇银行县域覆盖率	资产比重	人员比重
相关性	资产利润率	0.977	0.984	0.624	1	0.526	0.976	0.989	0.993
	小微企业和农户贷款余额占比	0.404	0.436	0.144	0.526	1	0.471	0.525	0.589
	村镇银行县域覆盖率	0.988	0.991	0.653	0.976	0.471	1	0.989	0.966
	资产比重	0.987	0.992	0.617	0.989	0.525	0.989	1	0.988
	人员比重	0.962	0.969	0.577	0.993	0.589	0.966	0.988	1

②KMO 和 Bartlett 的检验。从表 7-10 可知，KMO 检验的值为 0.693，大于 0.6，说明指标变量之间的相关性较强，做因子分析一般合适；Bartlett's 检验相应的概率 P 值接近 0，小于显著性水平 α，两种检验结果说明这些指标变量之间适合做因子分析。综合 KMO 和 Bartlett's 检验可以确定，河北省村镇银行的评价指标也可以做因子分析。

表 7-10　KMO 和 Bartlett 的检验结果

KMO 和 Bartlett 的检验		数值
取样足够度的 Kaiser-Meyer-Olkin 度量		0.693
Bartlett 的球形度检验	近似卡方	161.288
	df	28
	Sig.	0.000

③提取公因子。由表 7-11 可知，第 1 个因子的累积方差贡献率为 70.532%，贡献率较高。为了获得河北省村镇银行评价指标的客观权重，提取了 2 个公因子，累计方差贡献率达到 94.168%，符合因子分析的要求。所以提取前 2 个公因子作为村镇银行评价指标的公共因子。其因子载荷矩阵如表 7-12 所示。

表 7-11 村镇银行评价指标解释的总方差

成分	初始特征值			提取平方和载入			旋转平方和载入		
	合计	方差的(%)	累积(%)	合计	方差的(%)	累积(%)	合计	方差的(%)	累积(%)
1	6.631	82.882	82.882	6.631	82.882	82.882	5.643	70.532	70.532
2	0.903	11.286	94.168	0.903	11.286	94.168	1.891	23.636	94.168
3	0.422	5.28	99.448						
4	0.032	0.395	99.843						
5	0.008	0.104	99.948						
6	0.003	0.043	99.991						
7	0.001	0.007	99.998						
8	0	0.002	100						

由表 7-12 可知，8 个变量在第 1 个因子上的载荷都很高，意味着它们与第 1 个因子的相关程度高；第 2 个因子与原有变量的相关性相比第 1 个因子都较小，对原有变量的解释作用不显著。另外，可以发现各因子的实际含义比较模糊，因此要对其进行因子旋转。

表 7-12 村镇银行评价指标的因子载荷矩阵（成分矩阵ª）

项目	成分	
	1	2
人员比重	0.993	0.032
贷款余额	0.991	-0.084
资产利润率	0.99	0.032
村镇银行县域覆盖率	0.988	-0.039
存款余额	0.987	-0.125
资产比重	0.984	0.118
不良贷款率	0.69	-0.508
贷款余额占比	0.536	0.777

④因子旋转。同样采用方差最大法对因子载荷矩阵进行正交旋转，分析结果如表 7-13 所示。

由表 7-13 可知，存款余额、贷款余额、村镇银行县域覆盖率、人员比重、资产利润率、资产比重和不良贷款率在第 1 个因子上有较高的载荷，这几个变量涵盖了村镇银行的经营绩效和行业地位等指标，因此可以称为总体发展因子；资产利润率和小微企业和农户贷款余额占比在第 2 个因子上有较高的载荷，可称为服务深度因子。

表 7-13 村镇银行评价指标旋转后的因子载荷矩阵

项目	成分	
	1	2
存款余额	0.95	0.296
贷款余额	0.936	0.335
村镇银行县域覆盖率	0.915	0.375
人员比重	0.89	0.441
资产利润率	0.888	0.44
资产比重	0.847	0.516
不良贷款率	0.838	−0.176
贷款余额占比	0.165	0.93

⑤计算因子得分。由表 7-14 可以得到各因子的得分，由此可以得到最终的因子得分公式。

$F3 = 0.193×$存款余额$+0.174×$贷款余额$+0.328×$不良贷款率$+0.121×$资产利润率$-0.284×$贷款余额占比$+0.153×$村镇银行县域覆盖率$+0.122×$人员比重$+0.081×$资产比重 (7.9)

$F4 = -0.064×$存款余额$-0.022×$贷款余额$-0.469×$不良贷款率$+0.094×$资产利润率$+0.817×$贷款余额占比$+0.023×$村镇银行县域覆盖率$+0.094×$人员比重$+0.18×$资产比重 (7.10)

综合得分：$Z2 = 70.532/94.168 F3 + 23.636/94.168 F4$ (7.11)

表 7-14 村镇银行评价指标的因子得分系数矩阵

项目	成分	
	1	2
存款余额	0.193	−0.064
贷款余额	0.174	−0.022
不良贷款率	0.328	−0.469

(续表)

项目	成分	
	1	2
资产利润率	0.121	0.094
贷款余额占比	-0.284	0.817
村镇银行县域覆盖率	0.153	0.023
人员比重	0.122	0.094
资产比重	0.081	0.18

7.2.3 因子—弹性分析

通过对农村社会经济发展和村镇银行评价指标的因子分析，可以得到各个指标变量的得分系数并计算出 4 个公因子的得分，因子得分的均值为 0，标准差为 1。在此基础上根据每个公因子的权重计算出 2 个系统的综合得分，其结果如表 7-15 所示。

表 7-15　2010—2019 年河北省村镇银行和农村社会经济发展评价指标的综合得分

年份	$F1$	$F2$	$F3$	$F4$	$Z1$	$Z2$
2010	0.515 593 004	0.738 251 004	0	0	1.44	-0.99
2011	0.237 097 157	0.936 803 743	-0.010 681 234	0.196 939 107	0.89	-0.87
2012	0.173 688 206	1.018 585 841	0.115 061 55	0.099 224 917	0.8	-0.67
2013	-0.181 827 026	1.327 474 805	-0.009 835 689	0.800 016 803	0.21	-0.44
2014	-0.276 176 308	1.283 869 66	0.091 928 263	0.879 390 598	-0.04	-0.17
2015	-0.364 841 83	1.235 253 424	0.142 026 507	0.929 820 177	-0.27	-0.04
2016	-0.468 154 423	1.226 427 139	0.314 794 221	0.821 636 293	-0.52	0.24
2017	-0.454 542 588	0.771 687 132	0.503 551 11	0.799 224 911	-0.77	0.63
2018	-0.370 755 094	0.364 300 477	0.658 873 081	0.703 356 196	-0.83	0.89
2019	-0.432 508 248	0.513 393 692	1.006 530 885	0.312 015 025	-0.9	1.41

表 7-15 中，$Z1$ 和 $Z2$ 是农村社会经济发展和村镇银行评价指标的综合得分，运用弹性分析法，根据式（7.1）、式（7.2）计算两者协调度的情况，即为村镇银行制度适应性效率的变化，计算结果如表 7-16 所示。

表 7-16 2010—2019 年河北省村镇银行和农村社会经济发展的协调度

年份	$\Delta Z1$	$\Delta Z1/Z1$	$\Delta Z2$	$\Delta Z2/Z2$	ΔC
2010	—	—	—	—	—
2011	-0.55	-0.617 977 528	0.12	-0.137 931 034	4.480 337 079
2012	-0.09	-0.112 5	0.2	-0.298 507 463	0.376 875
2013	-0.59	-2.809 523 81	0.23	-0.522 727 273	5.374 741 201
2014	-0.25	6.25	0.27	-1.588 235 294	-3.935 185 185
2015	-0.23	0.851 851 852	0.13	-3.25	-0.262 108 262
2016	-0.25	0.480 769 231	0.28	1.166 666 667	0.412 087 912
2017	-0.25	0.324 675 325	0.39	0.619 047 619	0.524 475 524
2018	-0.06	0.072 289 157	0.26	0.292 134 831	0.247 451 344
2019	-0.07	0.077 777 778	0.52	0.368 794 326	0.210 897 436

表 7-16 反映了 2010—2019 年河北省村镇银行和农村社会经济发展的协调度。从表 7-16 的数据来看，表中协调度最高值约为 5.375，最低值约为-3.935，可见河北省村镇银行与农村社会经济发展并不协调。根据式（7.3）和式（7.4）以及表 7-2 可以计算出这几年间村镇银行发展的制度适应性效率变化，如表 7-17 所示。

表 7-17 2010—2019 年河北省村镇银行发展的制度效率值

年份	ΔC	判别	效率值
2010	—	—	100
2011	4.480 337 079	下降 1 级	95.519 662 92
2012	0.376 875	上升 2 级	96.273 412 92
2013	5.374 741 201	下降 1 级	90.898 671 72
2014	-3.935 185 185	下降 2 级	83.028 301 35
2015	-0.262 108 262	下降 2 级	82.504 084 83
2016	0.412 087 912	上升 2 级	83.328 260 65
2017	0.524 475 524	上升 1 级	83.852 736 17
2018	0.247 451 344	上升 2 级	84.347 638 86
2019	0.210 897 436	上升 2 级	84.769 433 73

由表 7-17 可知，2010—2019 年河北省村镇银行发展的制度适应性效率总体呈

下降趋势，这也说明随着社会经济的发展，制度并没有表现出与之相适应的发展速度，2个系统的发展不协调，制度的适应能力较低。图7-1更加清楚地体现了河北省村镇银行发展的制度适应性效率变化。

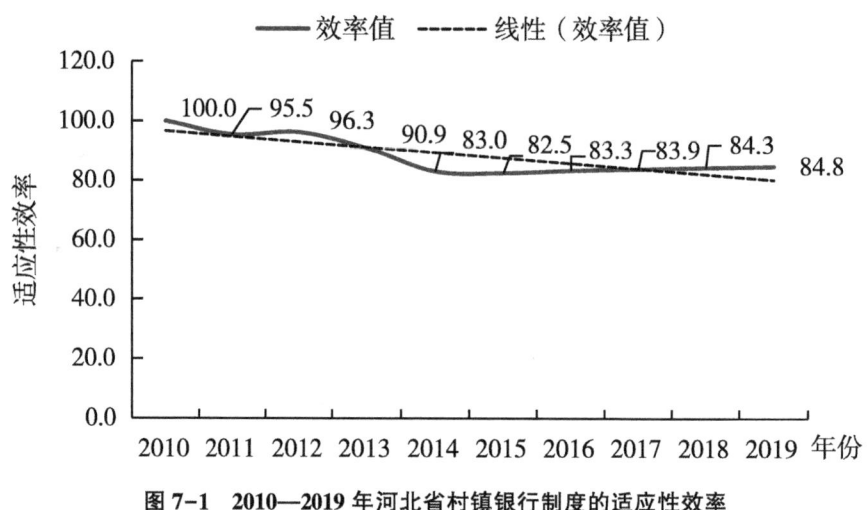

图7-1 2010—2019年河北省村镇银行制度的适应性效率

由图7-1可知，这几年间河北省村镇银行制度的适应性效率波动幅度较大，总体呈下降趋势。2010—2015年适应性效率呈降低趋势，从2016年开始效率开始缓慢上升，效率值从2010年的100.0降低到2015年的82.5，再缓慢上升到2019年的84.8，但整体呈效率降低的趋势，这也说明河北省农村社会经济和村镇银行的发展是不协调的，河北省村镇银行发展的制度没有达到适应性效率的要求。

7.3 结　　论

（1）河北省村镇银行制度适应性效率较低

结合前文中提出的河北省村镇银行制度适应性分析，从适应性效率值来看，河北省村镇银行制度适应性效率较低。2011—2019年河北省村镇银行制度的适应性效率波动幅度较大，整体呈下降趋势。2011—2015年适应性效率呈现降低的趋势，且降幅较大，尤其是2014年效率值降低了7，从2016年开始效率开始缓慢上升，但增加幅度较为缓慢，这说明制度的适应性效率虽然有所改变但仍然与河北省农村社会经济发展不协调。总的来说，河北省村镇银行制度还没有达到适应性效率的要求，与农村社会经济环境的协调能力偏低，还有很大调整和优化的空间。

(2) 村镇银行服务"三农"的水平降低导致其制度适应性效率较低

公因子 $F1$ 代表了"三农"的发展水平。从它的得分可以看出这几个因素对农村社会经济的发展从 2010—2019 年的得分始终处于降低的趋势，2014 年得分降到了负值，导致 2014 的效率骤降。这说明河北省村镇银行在刚起步阶段，无论是政府还是村镇银行自身对服务"三农"的热情还较低，对自身定位还没有正确的认识。村镇银行以成立之初偏离初衷、经营低效为惨重代价，逐渐认识到"支农支小，服务三农"的重要性，2015 年之后村镇银行对"三农"的服务热情逐渐增加，开始向农业和小微企业发力，其适应性效率也有所缓升。究其原因，村镇银行在发展过程中因各种因素的影响，逐渐脱离偏离了"支农支小"的市场定位，以追求利益为目标，导致农村的经济发展水平与村镇银行的发展不协调，而这些年制度的出台和支农力度的加大也并没有缓解这个问题，因此河北省村镇银行制度适应性效率较低。

(3) 村镇银行经营效率低是制度适应性效率低的体现

公因子 $F3$ 体现了河北省村镇银行总体发展情况。从其得分来看，只有 2011 年和 2013 年为负值，稍低于平均水平，从 2014 年开始，得分开始逐渐增加呈上升趋势，由此可知村镇银行近几年总体的发展规模较好。通过调研发现，村镇银行成立初期，伴随着我国金融业的不断发展，一些大中型商业银行为了业务需要，也开始向小微企业和农户发放贷款，村镇银行没有足够的实力与其竞争，小微企业和农户在村镇银行的贷款逐渐减少，村镇银行为了达到业务需要，也开始接受"非涉农"客户的贷款，因此开始追求高利润的"非涉农"贷款，定位也逐渐脱离，看似放贷规模增加，服务深度不断增强，实则违背了"初心"。2014 年开始，由于定位的归正和政策的支持，村镇银行总体发展情况有所缓解，也导致适应性效率缓增，但水平仍有待提升。总体来看，村镇银行经营绩效的降低，脱离了市场定位从而追求更高的利润，加之国家对村镇银行的指导与扶持，村镇银行还维持着总体发展水平良好的表象，这会使村镇银行的竞争能力较弱，与其他竞争性金融机构相比没有足够的实力，经营绩效相对较差，这也就导致村镇银行在发展过程中与外界环境发展不协调，因此适应性效率较低。

第四部分

问题及对策建议

8 河北省村镇银行发展存在的问题分析

8.1 机构自身层面

8.1.1 品牌知名度低

与四大国有商业银行、城市商业银行、农村信用社系统等发展成熟的金融机构相比，村镇银行属于新生机构，其社会认知度低，单一机构难以承担对农民进行大范围宣传的费用，加之农村地区居民相对文化水平低，对新生事物接受能力差。村镇银行被冠以"村镇"限制，有相当一部分的农民曲解村镇银行的实际发起人或管理单位，认为村镇银行是某一个人或者某一乡镇设立的未经工商局或当地银监会注册的民间私人钱庄，对村镇银行设立的真正目的、服务对象、经营方式等发生曲解。另外，四大国有商业银行、城市商业银行等银行在全国的分支机构一般采用一致的徽标、外观设计、员工着装等，较容易树立品牌形象，使人产生视觉认同感；但不同金融机构发起设立村镇银行的徽标、外观设计、员工着装则不相同，即使同一地区也不相同，容易让人产生机构不正规、不规范的错觉。

8.1.2 盈利能力和产品创新能力不足

一是盈利能力较低。河北省村镇银行的资金运营难以形成规模效应，与农村商业银行等银行类机构相比，河北省村镇银行的经营规模相对较小，资金实力相对较低。《河北省金融运行报告（2021）》显示，截至2020年12月底，河北省小型农村金融机构平均资产总额为138.50亿元，而新型农村金融机构平均资产总额为7亿元，由此可见新型农村金融机构与其他金融机构相比差距较大，这在一定程度上影响了村镇银行的盈利能力。

二是产品创新能力不足。河北省村镇银行的服务手段较为单一，业务范围大多为传统业务，投资理财等业务的开展存在一定限制，现有的产品和服务已经很难满足客户的需求，在激烈的市场竞争中处于劣势。互联网金融的突起和其他金融机构的不断改革与创新，必然会与村镇银行抢占市场和资源，而村镇银行产品创新能力较低，金融科技应用能力不足，在较大程度上影响河北省村镇银行的可持续发展。

8.1.3 治理结构不健全

健全的公司治理架构应该是"三会一层"，即股东大会、董事会、监事会和经营管理层。截至2020年12月底，河北省110家村镇银行总行大多数为股份有限公司。根据《中国银监会办公厅关于加强村镇银行公司治理的指导意见》，以股份有限公司形式设立的村镇银行必须设立监事会，但是河北省部分村镇银行仍存在未设立监事会的问题，公司的治理架构不完善，限制了村镇银行的规范发展。此外，根据中国银保监会许可证发布系统上有关河北省村镇银行的信息整理发现，河北省内大多数村镇银行的主发起行都是外省银行。而前文中也提到过主发起行制度，主发起行所占股份比例较高，呈绝对控股状态。在调研河北省村镇银行时，这个问题也多次被提到，主发起行有绝对控股权，对村镇银行的各项活动都会干预，这也就导致村镇银行实际成为主发起行的分支机构，限制了村镇银行的发展。

8.1.4 员工队伍不稳定

与商业银行相比，村镇银行的员工队伍流动性强，素质相对较低。大型商业银行每年有固定的招聘时段，招聘人员要求为本科学历以上，并且对相关专业及英语水平等都有要求，且商业银行的高层管理人员也较为稳定，每年的高层管理人员社会招聘也会要求相对丰富的工作经验。而当前村镇银行招聘的员工大多数为大专学历，且专业要求不限、素质偏低、流动性强，高层管理人员更是频繁更换。河北省大多数村镇银行的网点主要分布在县乡一级，运营时间较短，认可度不高，业务水平也较低，盈利能力较弱，加上管理机制和薪酬奖励机制等不健全，晋升的机会很少，很难吸引到优秀的大学毕业生及金融从业人员，甚至有些高层管理人以村镇银行为跳板，造成村镇银行人才的大量流失，导致河北省部分村镇银行普遍缺乏具备金融专业知识的人才以及经验丰富的高层人员，限制了村镇银行的内部发展。

8.2 金融科技应用层面

8.2.1 决策受限制，科技资金投入不足

主发起行制度是我国村镇银行的一项重要制度，决定了村镇银行的主要股

权结构。传统的企业管理理论认为，在公司运营过程中，大股东持股可能出现两种行为：一种是"激励效应"，即股东管理层的监督会确保公司正常运营的同时，管理者不会做出有损公司利益的行为；另一种是"隧道效应"，即强势的股东控制能力促使股东采取掏空行为，从而损害企业和中小股东的利益，这种情况在股权较为集中的企业中出现几率较大。在村镇银行的公司治理中，主发起行是村镇银行的大股东、控股股东，其可能存在两种方式对村镇银行进行管控：激励效应引发的指导和帮助行为——主发起行通过自身的有利条件，比如先进技术和成功经验，为村镇银行的发展提供帮助；隧道效应引发的掏空行为——主发起行凭借自身对村镇银行的绝对控股，从各种渠道转移村镇银行的资产。河北省村镇银行的主发起行以农村金融机构为主，均属于股权集中型的企业，因此在村镇银行经营管理过程中，可能存在股东实施掏空行为的概率，而且在村镇银行日常的运营管理中，有关村镇银行运营的相关决策也会受到股东的干预，比如科研资金的投入、智能设备的配备等，一定程度上制约村镇银行金融科技的应用。

8.2.2 人员流动性大，技术人才匮乏

相比于其他金融机构的从业人员，村镇银行的业务员又被人们称为"泥腿子业务员""进农户，下田地"是他们推广金融产品的必经之路。自从2008年河北省第一家村镇银行——张北信达村镇银行挂牌以来，截至2020年12月底，河北省村镇银行机构数量已达322家，从业人数更是突破了5 000人。

如图8-1所示，村镇银行自宣布成立以来，经过十余年的发展，其机构数量和从业人数已经达到了一定的规模。2012—2014年村镇银行数量和从业人员数量增加较快，说明此时间段是村镇银行拓展市场最活跃的时期，从业人员与主发起行都看到了农村金融市场的潜力，纷纷投身到农村金融的建设中去；2015—2017年河北省村镇银行，村镇银行的规模不断扩大，机构数量增多，但是从业人数的增长数量呈下降趋势，表明村镇银行对员工的吸引力较差，从业人员的流动性比之前略高，原因可能在于村镇银行由于自身发展限制，职工薪酬待遇低于同行业水平，以及村镇银行对于员工的控制力不足，职能晋升安排不合理，导致老员工流失。2018—2020年村镇银行增长数量呈下降趋势，从业人员的增长相应下降。

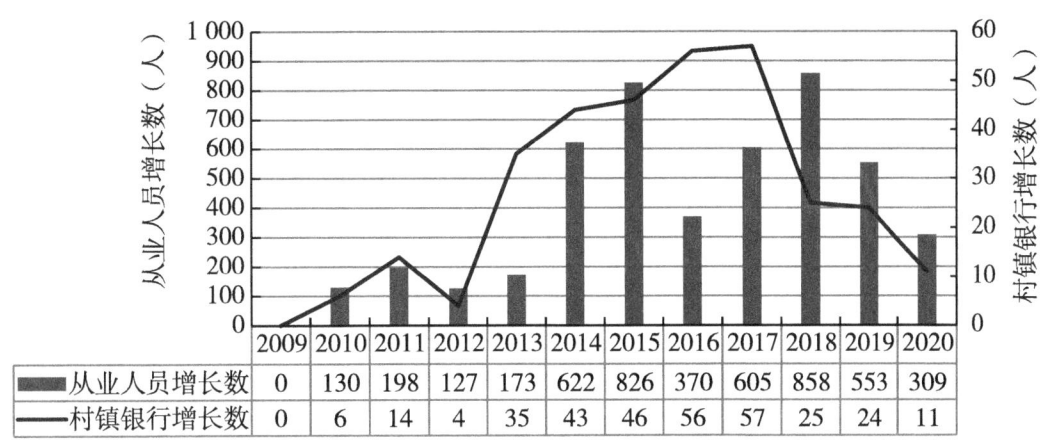

图 8-1　河北省村镇银行数量与从业人员当年数量增长情况

（数据来源：中国银行保险业监督管理委员会、人大经济论坛）

8.2.3　基础设备完善，但应用效果不佳

河北省村镇银行配备的各类金融科技相关基础设备比较完善，但是从调查情况来看，相比其他商业银行，其应用效果差别很大，软硬件设备的配备为提升金融科技应用水平提供了基础，但后期服务衔接较差，导致了应用效果不理想的情况。综合分析主要有以下几个方面。

(1) UI 设计不新颖，难以吸引客户

手机银行、网上银行以及优惠商城是为了吸引客户、方便客户、提升用户黏性，具有优惠力度大、操作简便的特点。由于目前第三方应用程序的市场竞争日趋激烈，客户体验成为各大厂商竞争的软实力，良好的用户体验有助于促进产品营销，提高客户的忠诚度和黏性。但目前村镇银行的界面设计还处于最基础的阶段，盲目追求扁平化的设计风格、功能操作烦琐、文字内容不突出等问题导致村镇银行的金融科技产品对客户的吸引力较低。

(2) 金融产品同质化，适用性低

大数据平台的建设为分析客户，掌握客户心理和行为奠定了基础。但是目前村镇银行对于后期产品的设计不够重视，其产品不具特色，难以满足具有多样化需求的各类客户，导致前期工作效果不强，造成资源浪费。

(3) 相关设备功能有限,体验感差

智能取款机通过精准的人脸识别解决了取款忘记带银行卡的问题,智能柜员机通过办理基础业务,为人工窗口减弱了人流压力。但是在对于个别村镇银行的走访调查中发现,智能取款机死机、柜员机功能少的问题时有发生,使得客户体验变差,其问题来源于金融机构对于设备的日常保养不到位,对于软件升级不重视,导致其功能缺乏扩展性,无法柔性适应使用环境。

8.2.4 风险来源复杂,风控平台建设遇阻

风险防控是河北省大多数村镇银行的薄弱环节,主要原因在于对风控平台的重视程度不足。信贷业务作为金融机构盈利的主要渠道,同时也是风险最容易产生的部分。河北省是华北地区的农业大省,河北省村镇银行要想担负起农村地区金融服务开辟者的重任,将不可避免地承受农村地区艰苦的生产条件和特殊的人文环境带来的风险。

(1) 自然风险的不确定性导致信贷风险增加

河北省位于我国东部沿海,气候属温带大陆性季风气候,每年都面对着干旱、水涝和低温冻害的风险,如果不做好防灾减灾的工作,一旦出现自然灾害,农业将受到巨大损失,从而影响农民收入。自然灾害的不确定性可能导致农业生产产量的降低,给贷款者带来巨大的经济损失,同时大大提高违约的风险。河北省村镇银行涉农贷款占比高达94.21%,农业弱质性使得村镇银行有着较高的信贷风险。

(2) 信贷环境的特殊性导致信贷风险增加

我国二元经济结构特征明显,城乡之间在经济、文化、法制等存在较大差距,农村农户存在法律意识淡薄、道德水平较低等问题。农户对于自身的信用建立不够重视。同时农民可抵/质押资产较少,农村地区也没有建立起一个完整的信用体系,导致银行和贷款者之间的信息不对称,村镇银行难以评价贷款者的信用能力和还款能力,从而导致信贷业务下降,信贷风险增加。由于交易成本过高,村镇银行在放贷后也难以追踪还款者的动态信息。而小微企业的规模小、实力薄弱再加上经营管理不善,亏损的风险很大,从而引发信用风险或者道德风险,使村镇银行造成损失。

复杂的多源性风险给金融科技的风控能力带来了更大的挑战,不论是技术层面还是硬件层面都需要做到更具体、更全面。但当前村镇银行的风控平台建设因

科技资金投入不足和技术人才短缺等问题而受到阻碍,影响了金融科技的应用水平。

8.3 空间布局层面

8.3.1 网点的"存量博弈"显现,数字化建设不足

河北省村镇银行整体网点布局增量逐渐减少是农村金融市场发展的必然结果。村镇银行的建立相对于追逐短期效益、忽视小微群众利益的商业银行具有一定的补充作用。早在2001年,就有学者提出以大银行为主的高度集中金融结构主要为了满足国家建设前期重工业的生存和发展,大型银行天生不适合为中小企业和群众服务,进而造成中小企业和小微群众融资困难的情况,建议大力发展中小金融机构。为助力农村金融市场发展,2007年3月,村镇银行在国内6个首批试点省诞生,接下来的十几年,村镇银行数量大量增长,网点铺设迅速展开,以河北省为例,目前村镇银行县域覆盖率在70%以上。

在推进普惠金融发展、支农支小、精准扶贫和助力乡村振兴等政策的指引下,其他大中型商业银行也在持续向农村金融市场发力,例如,各大型国有银行先后成立了"三农"金融事业部或普惠金融事业部,开展农村金融服务。农村金融市场原有分层经营的竞争格局正在被打破,村镇银行不得不直面大中小各类金融机构的竞争,农村金融市场也几乎接近饱和。《2017年中国银行业服务报告》显示,截至2017年12月底,全国银行业金融机构营业网点总数达到22.87万个,其中新增营业网点800多个,与2016年的3 800余个新增营业网点相比,增量大幅减少。截至2020年12月底,银行业共有金融机构法人4 601家,较2019年12月末的4 607家,减少6家,增量降到了负值。与此同时,2016年以来,村镇银行组建数量持续减少。可见,村镇银行数量快速增长的时期已经结束,开始进入以存量改革为主的发展阶段,城镇化大背景下农村金融市场"存量博弈"状态更趋明显,村镇银行发展"天花板"显现。此时只有从数字化建设入手,将提升现存网点的服务质量作为发力点,避免在"存量博弈"中处于劣势。但当前数字化建设恰恰是村镇银行的薄弱环节,无法在有限的物理网点设置下激发新的软实力增长点。关于村镇银行数字化建设不足的问题,已经在金融科技应用层面进行了分析,这里不再详细阐述。

8.3.2 培养、吸引人才能力不足，人才机制不灵活

对于村镇银行，人力资源是业务发展第一资源，人才是全行的核心竞争力，引进、培养和留住人才是引领转型发展的核心战略。而培养、吸引人才能力不足，人才机制不灵活恰恰是村镇银行人员规模有限、优质人才少的根本原因。首先，河北省村镇银行的管理理念本身处于同业的中下等水平，对于人力资源的控制和管理没有系统的制度。大部分村镇银行并不设置专门的人力资源管理部门，其职能也是由其他部门代管，对人才的聘用和利用也都停留在规划阶段，并没有切实的落实，同时缺乏成熟的员工绩效考核机制、人才培养计划、专项人才招聘规划以及员工职业规划等现代人力资源管理方法。其次，对于人才的激励机制不够灵活与完善。村镇银行本身的发展历史不长，均衡利益和收益的分配机制还不成熟，虽然省内大部分银行都制定了培训、绩效、奖评等相关制度，但实施效果较差，并且随市场变动的调整滞后，不能及时更新和修订，各种制度仍然需要更深一步的完善。最后，人才的晋升渠道不通畅。从业人员的提升和升值均是通过职务的晋升完成的，这同银行职位体系中领导职位的稀缺性产生了矛盾，大多数从业人员的个人目标不能完成，甚至有了"怀才不遇"的消极情绪，造成在原本吸引高质量员工能力有限的情况下，又流失了为数不多的人才。归根结底，还是与自身体量小、实力弱以及分布在农村区域息息相关，以至于在"培养人才、用好人才、留住人才"的各个环节一般都相对落后于其他银行。

8.3.3 主发起行实力有限，对机构经营干预较多

村镇银行作为类似于社区银行的小微银行，其自身经营发展能力有限，尤其是主发起行对村镇银行原始注册资本的支持，直接决定了机构的发展规模和风险抵御能力。根据2007年《村镇银行管理暂行规定》以及2015年《中国银监会农村中小金融机构行政许可事项实施办法》等相关监管规定，村镇银行实行主发起人制度，主发起人必须是银行业金融机构且其持股比例不能低于15%，并且还应符合上一年度监管评级2级以上等审慎性条件，这无疑是在保证主发起行的质量及其对村镇银行的资金支持红线，确保村镇银行在发展过程中能够享受到主发起行的管理和支持服务，使村镇银行在成长的各个阶段"有依有靠"。而在真正助力村镇银行成长中，发起行的支持有限、指导过度等现象十分常见，这在一定程度上是由主发起行的性质决定的。表8-1为截至2020年12月底各市村镇银行主发起行机构类型统计。

表 8-1 各市村镇银行主发起行机构类型统计

市区	农商行	大型商业银行	地方性商业银行	外资银行	农合行	总数（家）
保定市	14	1	1	0	0	16
沧州市	12	0	1	0	0	13
承德市	3	1	2	0	0	6
邯郸市	3	0	1	6	0	10
衡水市	7	0	3	0	0	10
廊坊市	8	0	3	0	0	11
秦皇岛市	1	0	3	0	0	4
石家庄市	4	0	2	2	4	12
唐山市	6	0	2	0	0	8
邢台市	7	1	2	0	0	10
张家口市	4	0	6	0	0	10
总数	69	3	26	8	4	110

由表 8-1 可知，在河北省 110 家村镇银行的主发起行中，有 69 家的主发起行是农商行，占比达到 62.7%，而农商行作为扎根在农村的中小金融机构，自身的体量和规模有限，导致由其发起的村镇银行的注册资本也十分有限。从发起行类型与股权集中度来看，邯郸市有 60% 的村镇银行主发起行为外资银行，这直接导致邯郸的平均最大持股比为 79.5%，是所有市区中均值最高的，且邯郸市的平均空间布局得分也处于中下等水平；而对于空间布局得分最高的秦皇岛、廊坊和衡水，3 个市区所有的主发起行均为定位相似的农商行和地方商业银行。主发起行的性质，直接决定对村镇银行的注册资本水平、最大持股比以及干预状况，从而影响空间布局。

8.3.4 市场定位不清晰，竞争能力差

造成村镇银行空间布局整体水平偏低的主要原因是其自身经营实力较差，在竞争激烈的农村金融市场中定位不清晰，即使国家有明确的"立足县域、支农支小"的定位，部分银行仍然偏离初衷，造成村镇银行在市场的竞争优势削弱。表 8-2 为

对截至 2020 年 12 月底河北省银行业金融机构资源分布状况的统计。

表 8-2 河北省银行业金融机构资源分布状况

机构类别	营业网点			法人机构（家）	平均资产总额（亿元）
	机构个数（家）	从业人员（人）	资产总额（亿元）		
大型商业银行	3 287	72 267	36 706	0	—
国家开发银行和政策性银行	166	3 586	5791.2	0	—
股份制商业银行	492	10 771	6 324	0	—
城市商业银行	1 233	25 232	20 537.8	11	1 867.07
小型农村金融机构	4 856	48 337	20 360.1	147	138.50
财务公司	7	266	1 332.4	7	190.34
信托公司	1	268	163.1	1	163.10
邮政储蓄	1 456	17 274	4 270.5	0	—
外资银行	2	36	26.1	0	—
新型农村金融机构（村镇银行）	324	5 006	777.2	111	7.00
其他	3	505	747.6	3	249.20
合计	11 827	183 548	9 7037.1	208	466.52

数据来源：根据《河北省金融运行报告（2021）》整理。

由表 8-2 可知，村镇银行的机构个数和从业人员数量虽然在银行业内不占优势，但其数量也并不排在末尾，各值均高于财务公司、信托公司和外资银行。资产总额达到 777.2 亿元，高于信托公司和外资银行。而村镇银行在最能反映机构经营状况和抵御风险能力的平均资产总额却是最低的，村镇银行均值只有不到 7 亿元（剔除一家贷款公司的资产总额），远远低于定位相似的同类金融机构——小型农村金融机构（农村商业银行、农村合作银行和农村信用社）。市场定位不清晰，没有明确且坚定地坚持初衷定位，导致本身具有"社区银行"性质、组织结构较为简单、起步较晚的村镇银行在实现高质量、可持续发展的过程中举步维艰。中观层面，乡村振兴背景下大中型银行以及信用社体系持续发力，村镇银行竞争压力进一步显现；微观层面，严监管背景下村镇银行发起机制和治理体系不完善，村镇银行运营能力相对较弱。村镇银行面临"前有狼后有虎"的发展困境。

8.4 国家制度安排层面

8.4.1 激励约束制度适用性较低

河北省政府对村镇银行的支持政策主要包括金融机构贫困县域营业网点设立奖励金、新设金融机构奖励金制度、县域金融机构涉农贷款增量奖励和农村金融机构定向费用补贴等政策，这些政策在一定程度上推动了村镇银行的发展，但是对于河北省村镇银行来说，这些政策远远不够，且一些政策的适用范围较小，不适用河北省村镇银行的发展。如财政部颁布的《普惠金融发展专项资金管理办法》中规定，满足"当年贷款平均余额同比增长；村镇银行的年均存贷比高于50%（含50%）；当年涉农贷款和小微企业贷款平均余额占全部贷款平均余额的比例高于70%（含70%）"的新型农村金融机构，财政部门可按照不超过其当年贷款平均余额的2%给予费用补贴；东、中、西部地区农村金融机构（网点）可享受补贴政策的期限，分别为自该农村金融机构（网点）开业当年（含）起的3年、4年、5年内。根据前文的分析，河北省村镇银行是可以达到要求的，但是由于审批流程较为复杂，奖励资金不能及时足额到位，加之河北省位于东部地区，而省内村镇银行的发展水平却不及东部地区总体的发展水平，享受补贴政策的期限又短，致使河北省村镇银行不能完全享受这一政策的激励。

8.4.2 信用类制度不完善

从再贷款政策来看，央行提供的支农再贷款期限基本上是短期的，一般不超过1年。但通过对村镇银行信用类制度的研究以及对河北省各地多家村镇银行走访调研发现，村镇银行的支农贷款大多超过1年，两者的期限不匹配；且当前村镇银行使用支农再贷款的额度有限，每年申请办理的程序也较为烦琐，这就导致一些村镇银行放弃使用支农再贷款；农户在办理再贷款时必须要提供一定的抵押物，但当前的抵押品规定严格，河北省多数村镇银行难以达到标准。因此，这些关于村镇银行的信用贷款政策是不完善的。

8.4.3 监管制度缺乏针对性

与其他金融机构相比，政府对村镇银行的监管标准过于严格，这也阻碍了村镇银行的发展。相比于小额贷款公司和其他商业银行，村镇银行在准入、经营和退出等方面受到的监管更为严格。如对村镇银行的主发起行、单一境内银行业金融机构和单个自然人股东的持股比例等都有明确的规定。而且由于村镇银行的主发起行种类较多，所在地也分布在全国各地，各个村镇银行的经营模式和管理方法都不一样，村镇银行所在地涉及市、县、乡镇、村等各个级别，在监管上就增加了难度。从当前来看，我国主要由银保监会及其派出机构对银行业及保险业进行监督管理。但是，随着河北省村镇银行机构数量的逐渐增多，其资产规模越来越大，分布也比较广泛，而银保监系统在县级通常只设有银监办，只分配3名左右工作人员，这就给银保监局在履行职责时带来不便。另外，河北省村镇银行多设立在经济相对不发达的乡镇和农村，各项信息技术手段相对匮乏，导致对于村镇银行的非现场监督无法及时全面实施，只能对该地的村镇银行进行一些简单的数据收集等工作，不能与现场监管有效结合，缺乏相应有效的监管手段，造成对河北省村镇银行的监管不足。因此，在村镇银行监管体制不完善的情况下，实行与其他商业银行一样的监管标准，是对村镇银行不公平对待的体现。

8.5 经济社会环境层面

8.5.1 当地的经济环境制约了村镇银行的发展

河北省是农业大省，农村人口较多，与城镇地区相比，河北省农村地区的经济发展相对落后，在一定程度上限制了村镇银行的发展。根据《河北经济年鉴》和《河北省2018年国民经济和社会发展统计公报》，在河北省GDP增长的同时，农业生产总值也在逐年增长，由2008年的2 034.59亿元增长到2018年的3 338亿元，但是农业生产总值占GDP的比重从整体上看却在逐年下降，由2008年的12.71%下降到2018年的9.27%。农村固定资产投资虽然在2008—2011年逐渐上升，2011年达到顶峰后逐年递减，但占全社会固定资产投资的比重却一直呈下降趋势，从2008年的4.46%下降到2018年的0.9%。由此可见，河北省农村地区的经济发展水平不高，在一定程度上制约了村镇银行的发展。

由于河北省农村地区的经济发展水平较低，农村居民在收入和消费上与城镇居民也存在差距，这也使河北省村镇银行的发展规模受到制约。2008—2018年，河北省农村居民人均可支配收入与人均消费支出均呈上升趋势，前者由2008年的

4 795.46 元增长到 2018 年的 14 031 元,增长近 2 倍;后者从 3 125.55 元增长到 11 383 元,增长 2 倍多。但与城镇居民之间的差额也呈逐年增长的趋势,其中人均可支配收入差额从 2008 年 8 645.63 元增长到 2018 年 18 966 元,人均消费支出差额从 5 961.18 元增长到 10 744 元。按照当前的监管政策,银行类金融机构的贷款额度与存款额度相挂钩,因此河北省村镇银行的存款额在一定程度上限制了贷款额,而农村居民的收入和消费程度又会影响到村镇银行的存贷款,这也是阻碍村镇银行进一步发展的原因。

8.5.2 互联网金融的迅速发展抢占了村镇银行的业务空间

人们的生活结构和方式由于互联网金融的快速发展而有所改变,大数据、云计算、区块链以及人工智能等在信息技术方面的成长进步适应了经济社会发展不同阶段的要求,给农村的生活也带来翻天覆地的变化,在刺激农户消费的同时也挤占了村镇银行的业务。传统的商业银行为了更好地服务客户,都在积极利用互联网金融技术大力发展手机银行等线上业务,除此之外,蚂蚁金服和京东金融等第三方支付平台积极发展分期付款以及贷款等相关衍生业务,通过这些非本质业务的场景,获取核心业务的需求。商业银行和第三方服务平台利用互联网金融技术挤占了多数消费者的存贷款业务,村镇银行的业务空间也因此被挤占,互联网金融的发展对村镇银行造成的冲击,主要体现在以下 3 个方面。

一是存款方面。在商业银行和互联网金融的双重夹击下,河北省村镇银行的存款数越来越少。无论是商业银行还是第三方支付的二维码已经全面普及,农户在日常生活中使用互联网金融的习惯不断增强,尤其是支付宝、微信的使用,使整个银行业都受到了冲击。村镇银行在吸收存款方面本就不如其他金融机构,加上互联网金融快速发展,村镇银行在吸收存款方面的竞争力更小,资金来源也越来越少。

二是贷款方面。当前农村人口的融资需求呈现出单笔融资规模较小、频次较高的特点,村镇银行由于业务人员较少以及贷款流程较为复杂等因素,出于成本的考虑很难满足农户的需求。而互联网金融的便利性使村镇银行的贷款业务受到很大挑战,互联网金融可以根据农户需求,提供具有针对性的产品,金融服务更加便利,更容易受到农户的青睐,因此越来越少的农户选择去村镇银行贷款。

三是客户方面。在对河北省几家发展较好的村镇银行调研后发现,这些村镇银行的客户中老年人居多,年轻的客户较少。村镇银行存在社会认可度较低、网点较少、硬件设施落后等问题,对于大多数年轻人来说,在互联网金融和村镇银行之间进行投资或业务处理，多数人会选择前者。互联网金融通过大数据等信息技术，了解客户的信用度，办理各种业务更加便捷，这也是维系客户的重要手段。而一些中老年客户对互联网金融不了解，选择村镇银行的概率较大，相比互联网金融，村镇银行在维系客户时花费成本较高。

8.5.3 行业竞争的加剧降低了村镇银行的社会影响力

农村地区的金融缺口长期存在，是一个庞大的金融市场。党的十八大提出要大力发展普惠金融，鼓励农村金融的发展。为响应国家政策，各家金融机构纷纷进入农村市场，抢占农村金融业务，这也对村镇银行的发展提出了更高的要求。

河北省大型商业银行积极推进普惠金融事业部的设立，5家大型银行的河北省分行在2017年8月底已经设立完成。2018年12月底，5家大型银行普惠金融事业部在河北省内二级分行已经全部设立垂直机构，并逐步向县域和乡镇等末梢延伸，不断完善普惠金融制度体系。大型商业银行各项业务系统较为完善，硬件设施相对齐全，公信度较高，工作人员专业性更强，更容易开拓新的市场，接纳新的客户。

河北省众多的小型农村金融机构也一直承担着农村经济发展的重任，据《河北省金融运行报告（2021）》显示，截至2020年12月底，河北省已成立包括农村商业银行、农村合作银行和农村信用社在内的小型农村金融机构法人机构147个，网点高达4 856个，遍布河北省农村各个地区，在农村地区竞争力不断增强。此外，小型农村金融机构坚持服务"三农"，满足农民多元化需求，为河北省经济发展起到了促进作用。

自2006年河北省第一家小额贷款公司成立后，截至2020年12月底，河北省小额贷款公司数量已发展为396家，实收资本为227.03亿元，贷款余额为220.72亿元，数年间小额贷款公司累计发放贷款超过2 500亿元，为农户、个体工商户以及小微企业等提供了急需贷款。小额贷款公司的服务对象也主要是农村地区以及小微企业，这与村镇银行服务的客户有很大部分重叠，因此一定会与村镇银行抢占客户和市场。

综合来看，随着国家对农村金融市场准入门槛的降低以及出台了多项支持政策，加上银行类等金融机构急需开拓新市场，必定会给村镇银行提出更高的要求，村镇银行面临的竞争压力也会越来越大。

9 完善河北省村镇银行发展的对策建议

9.1 加强村镇银行机构自身发展

9.1.1 加大宣传力度，提高品牌知名度

村镇银行品牌知名度是有效吸收存款和发放贷款、进而实现规模效率的关键。为此应加大宣传力度，将客户需求与业务发展相结合，明确宣传路径。首先，做好前期准备工作，遵循开展市场调研—分析客户需求—细分客户—制定宣传活动方案的程序。其次，部署落实宣传活动，准确把握宣传内容，注重品牌宣传，采用多样化的形式，如礼品赠与等吸引参与者，推动宣传广度，并通过不同手段将活动常态化、系统化，如坚持"大型活动月月有、小型活动周周有""宣传全面协调可持续"等活动。最后，巩固宣传活动的成果，对宣传活动进行分析总结形成大数据库，并将典型案例进行分享获得经验教训。

9.1.2 提高盈利能力，创新业务品种

拓宽河北省村镇银行的资金来源是提高盈利能力的重要一环。首先，村镇银行要以优质的服务吸引客户、留住客户，客户存款是村镇银行重要的资金来源，因此村镇银行要在客户上下功夫，银行要定期进行员工培训，不断提升服务水平。其次，要充分利用全国银行间拆借市场，为村镇银行短期资金提供支持。最后，要增设村镇银行网点，扩大村镇银行的知名度，现在河北省还没有做到县域全覆盖，村镇银行的知名度较低，因此可以通过增设网点的形式，在提高知名度的同时吸引客户存款，获取更多的资金。

目前村镇银行的业务还是以存贷款为主，品种较为单一，发展较为缓慢。村镇银行要持续健康发展，必须创新业务品种。首先，村镇银行从客户的需求入手，针对客户的需求提供个性化的服务，创新银行业务产品；其次，村镇银行结合当地的实际情况，因地制宜地开发金融产品，这就需要各地的村镇银行进行实地调研，切实掌握当地的农户所需；最后，村镇银行与当地的保险公司等金融机构合作，创新

出适合当地农户和中小企业需要的产品，银行推销，保险公司担保，给客户足够的保障，共同提高两家机构的社会影响力。

9.1.3 优化股权结构，完善公司治理

股权结构是影响村镇银行治理的基础性因素，决定着村镇银行的经营方向和效率。当前河北省村镇银行法人最大持股比例过高可能带来的"一股独大"弊端，一定程度上影响着村镇银行的经营效率，因此，村镇银行应注重调整法人最大持股比例，优化股权结构。在确保主发起行对村镇银行相对主导权的基础上，适度放宽一般法人企业持股比例的限制，鼓励非银行类金融机构加大投资比例，同时鼓励民间资本投资并不断扩大其投资比例，实现投资主体多元化。在实现投资主体多元化的过程中，要避免两种倾向，一是防止地方政府干预股权设置，避免政府机构投资参与；二是防止股权过于分散，避免"内部人控制"风险问题。此外，河北省村镇银行应争取主发起行增资扩股，增强资本实力。当前，村镇银行在短期内还不能完全依靠税后盈利进行内源性资本补充，很大程度上影响了其信贷规模的扩张，进而影响了其盈利能力。村镇银行需通过一定的方式和手段加强与主发起行的沟通，最大程度地争取主发起行及时注资、增资扩股，提高资本实力，增强风险防御能力。

科学高效的公司治理机制能为村镇银行提供稳健经营的良好环境，因此村镇银行需要不断完善公司治理结构，健全"三会一层"，规范股东行为，提高经营决策效率。在村镇银行成立之初，根据国家规定，河北省部分村镇银行设立了"两会一层"的公司治理结构，但是随着经营的深入，这种治理结构已经不能适应村镇银行发展的需要，因此要建立"三会一层"的治理结构。"三会一层"的公司治理结构要求明晰其职责定位，做到不缺位、不越位，在自身职责范围内行使权力，相互制约、相互协调，为村镇银行规范运作、高效决策、平稳开展业务等奠定坚实的基础。村镇银行主发起行制度设立的初衷是帮助村镇银行完善管理制度，对其进行战略指导，帮助村镇银行更好地发展。因此，把握好主发起行的管理职责，维护村镇银行的自主权，使村镇银行在发展中逐步形成具有自身特色的、独立的企业文化。

9.1.4 强化技能培训，提高从业人员素质

从业人员业务素质和专业技能水平的高低，是村镇银行经营与发展的关键因素之一，也是影响其纯技术效率的关键。基于此，村镇银行应把强化技能培训，提高员工素质作为经营管理的重要内容组织实施。首先，引导和帮助员工做好职业规

划，使员工成为学业务、练技术的主动者、自觉者，激发员工成为学习型、知识型、技能型人才。其次，合理安排落实培训，培训内容上一是加强共性的技能操作和基本业务知识培训，二是根据员工特长和需要针对性地对某个专业技能进行侧重培训；培训方式上一是采用老员工带新员工模式下传帮带的干中学方式，二是遵循布置培训内容—员工自学—集中以会代训的方式，三是针对业务办理中的问题进行互动、联动的"会诊"方式，四是组织技能竞赛激发员工积极性的竞技方式。最后，建立严格的考评制度，并将技能培训的业绩作为员工转正、定级和业绩考核的依据之一，以利益调动员工掌握技能的积极性。

9.2 加大村镇银行金融科技投入

9.2.1 优化资源配置，提升自身竞争力

(1) 加大村镇银行与第三方金融科技公司的合作力度

金融科技平台的搭建离不开金融机构与金融科技公司的合作，大部分村镇银行没有足够的资本组建研发团队，甚至主发起行也没有相应的研发部门，因此对于这部分金融机构来讲，作为第三方的金融科技公司是最好的选择。"术业有专攻"——金融科技公司拥有最先进的技术和人才，而且在后期的运营管理上也会减轻金融机构的压力，节省开支。例如成立于2017年的银银科技有限公司，作为中国村镇银行发展论坛组委会、中国县镇经济交流促进会及县镇金融机构发展促进会旗下指定的对外技术合作公司，定位为村镇银行的金融科技部门、资源整合部门、对外联络部门，积极主动引入互联网先进理念及最新技术产品，减少村镇银行与其他商业银行的技术差距，提升业务创新水平及风险控制能力。

对于主发起行自建金融科技子公司的村镇银行，应充分借助主发起行的资源，通过金融科技子公司的科技支撑在软硬件方面提供支持，同时组建相应的金融科技部门，以保障软硬件的正常运行以及维护更新。

(2) 提升对各类人才的吸引力

先进的职能结构不但能激励员工们的上进心，而且还会减少信息不对称情况的出现。不论是科技型人才还是营销型人才，村镇银行都需要深层次的挖掘。优化职能结构和薪资制度势在必行，管理者应在充分了解先进的组织架构和制度的情况下，结合自身特点，制定符合自身发展和要求的结构和制度。而对于品牌影响力来

讲，村镇银行应助力提升服务、诚信经营，适当寻求政府的帮助，进行广告宣传，逐步树立起自己的品牌旗帜。

（3）制定合理的新老员工培训制度

通过对村镇银行的线上问卷调查发现，老员工对于金融机构转型的抵触心理较大，一方面来源于其对于新生事物的接受能力较差；另一方面，全新的工作环境以及服务模式打破了其原有的"生活舒适圈"，导致员工们需要再花费精力去摒弃原有的工作习惯，学习新的操作流程。因此，合理的培训制度尤为重要，以此来改变老员工们的陈旧思想，帮助其接受新鲜事物，为村镇银行未来的转型扫清障碍，同时先进的思想理念也会使其迸发新奇的想法，为村镇银行转型提供新的观点和思想。

（4）充分利用村镇银行主发起行的作用

主发起行应从财务资金、支付渠道、运营管理、专业人员、信息科技等方面给予村镇银行大力支持，确保主发起行的服务与支撑有效推动村镇银行金融科技应用水平，从而提升村镇银行的核心竞争力。但发起行不能将村镇银行定位为其分支机构，过度参与村镇银行日常经营管理。主发起行在参与制定村镇银行金融科技转型战略时应结合村镇银行当地的实际情况，放宽对村镇银行的日常业务干预，放松信贷业务审批权限，缩短特色业务审批链条，从而提升村镇银行的自主性和积极性。

9.2.2 提高技术手段，促进金融科技的深度融合

（1）加大新型金融科技产品的创新力度

一是要加快构建金融科技云平台，打造有自身特色的科技创新产品，促进生态协同业务的平台化发展。根据客户需求制定差异化的金融创新产品，同时对目前在售的所有产品通过大数据分析综合排名，分析产品活跃度，剔除效益较差的产品，对于比较受客户欢迎的产品应结合当下市场特点，在保留原有特性的同时，适当地进行更新。要注重产品的开发与应用，做好产品的前期开发测试工作，小范围的开展试点活动，对于测试客户的后期数据采集也不能忽视，逐渐丰富金融产品。

二是通过提高内部创新意识，优化业务程序和业务技能，提高业务效率。改变员工的创新意识，营造良好的创新氛围，使其发挥主观能动性提出创新想法。尤其要注意老员工的创新行为，丰富的工作经验使其掌握农村金融市场的切实需求，因而其创新更具实用性和适用性。

三是制定科学的创新机制。创新意识的提高以及科学技术的普及是基础，创新

想法的具体落地则是重点，同时需要多方面的配合，因此制定科学的创新机制尤为重要。银行内各部门的沟通和交流是实现创新想法落地的前提条件，而部门之间的快速反应直接决定着创新效果。在某一部门提出创新想法后，各个部门应积极提出建议，最终由一个决策部门吸收采纳全部意见后，结合银行实际的发展情况、发展目标，做出最优的选择。

（2）提升客户黏性

以优质的服务提升客户黏性，做到抓紧老客户，吸引新客户。首先，通过大数据技术将用户的海量数据进行分类存储，根据大数据分析结果，针对客户点击频率较高的产品开展多项优惠活动，或者为其推送购买赠送各类视频会员、音乐会员等多类型的活动，吸引客户持续参与。例如，制定"交易享好礼"的主题活动，围绕此主题开展长期性优惠活动，增强该产品的品牌效应，从而吸引更多手机银行的客户，实现银行活跃客户的提升；其次，通过云计算将数据进行分析，掌握客户的爱好和需求；最后，有针对性地对目标客户进行精准广告投放，满足客户的各项需求，提升产品的营销效果。

（3）推进个性化产品的定制服务

个性化产品的定制仍然需要以大数据技术为基础，在深度挖掘客户偏好后，根据其承受风险程度、投资偏好等为其提供个性化的产品定制服务。中小微企业由于资金周转周期、资金需求量以及融资方式的各不相同，因而其对金融产品的需求各异，如餐饮行业的资金周期较短，资金额度需求不高；但建筑行业的资金周转时间比较长，资金需求量大。因此，村镇银行需要对市场进行深度考察，挖掘有用信息，丰富产品种类，为中小微企业提供更多的选择。

9.2.3 加大宣传力度，提升区域知名度

（1）打造"社区型"银行

打造"金融+科技+生活"的智能化社区银行，充分发挥小银行的优势，为了使自身与周围社区和企业联系更为紧密，要充分利用好线上和线下相结合的模式，线上打造丰富的社交系统，提供多样的金融服务；线下开展多种多样的便民服务，如水电气缴费、便民医疗点等。做好"金融"和"生活"的融合后，还要借助科技的力量，利用大数据对周围潜在客户进行深度挖掘，实现"金融、科技、生活"三位一体的智能化社区银行模式。

(2) 提供"场景化"服务

场景化获客手段就是把客户融入于场景之中。目前的互联网企业，如腾讯、阿里等都十分注重客户体验，不仅提供客户想要的服务，同时还要打造方便、快捷、易于操作的产品。场景化服务要做好以下几点。一是以交互方便为原则。有条件的村镇银行可以利用 App 输出，提升用户体验，其操作简单，信息内容容易理解，能够大大提升村镇银行的业务响应速度。同时，应注意通过优化手段减少客户等待时间，在有重要业务功能上线时，一定要提前做好测试，防止系统崩溃。二是产品的宣传设计要有创新性。市场的多元化以及产品的多样性能够给客户提供更多的选择，因而村镇银行在产品的设计与宣传阶段都要注重创新。在建设场景化服务时既要完成获客的目标，又要注重获客后的客户经营。在吸引客户的同时，要注意产品的人性化和适用性，操作界面尽量通俗易懂，保证产品使用的低门槛，从而提升农户和小微企业的满意度。三是村镇银行要利用好第三方的力量。村镇银行的品牌影响力较低，因此应有选择性地与客流量较大的网站或者 App 合作，通过引流在短时间内获得新客户，之后让客户回归银行场景，实现获客。

9.2.4 加强风险识别意识，提高风险防控能力

(1) 提高对传统型金融风险的重视程度

村镇银行需要做到金融科技创新与风险平衡。传统意义上的金融风险包括：信用风险、流动性风险、市场风险、操作风险、法律合规风险、声誉风险等。在金融科技时代，这些风险仍然并存，并且在此基础上有所升级，由于金融科技的复杂性，使得新型金融风险的隐蔽性更强，更难被发现。因此村镇银行需要加大力度防范传统金融风险，加大合规部门的审查力度，丰富员工的合规培训手段，合理借助主发起行力量应对风险。

(2) 积极防控新兴技术型金融风险

金融科技背景下的金融科技风险主要表现在网络数据和网络安全两个方面。信息时代对数据极为依赖，金融机构能够通过大数据对消费者进行分析，挖掘消费者的需求，以便提供个性化的金融产品和服务，其大量的私人用户信息就极有可能被不法分子窃取，导致各类钓鱼网站频频出现。另外，网络安全风险也不容忽视，由于用户登录、交易都是在互联网的环境下进行，若有黑客存在于这个环境中就会恶意篡改用户密码和交易信息，导致客户的财产损失。同时，重点关注数据滥用、数据泄露等带来的风险。银行业是数据密集型行业，几乎每笔业务都体现为数据的交

换，因此村镇银行应该严格遵循《中华人民共和国数据安全法》等相关法律法规要求，持续加强数据安全治理，强化数据开发利用管理机制，保护客户的合法权益。

在这种大环境下，村镇银行应进一步做好客户的金融风险防范知识教育，普及金融风险防范知识，让客户学会甄别"真假网站"，同时加强网络安全检查，及时发现漏洞并更新设备，不给不法分子可乘之机。

9.3 优化河北省村镇银行空间布局

9.3.1 精简网点机构提高服务质量，加快数字化转型

在村镇银行网点数量增速放缓、农村金融市场接近饱和的状况下，应着力于提升网点服务质量。首先，精简网点机构，整合优质资源。虽然铺设在县域及以下的网点数量大量存在，但网点的盈利状况和财务水平始终处于破产的边缘，村镇银行面临着接近峰值的生存压力，因此精简经营状况不佳的网点，整合优质资源，在保障自身尽到"支农支小"、普惠小众的社会责任的前提下，先"济强"后"济弱"，再"以强带弱"，加强"多县一行"政策的落实。其次，重视"增量博弈"到"存量博弈"的转变。在市场经济体制确立之后，农村金融市场逐渐被"瓜分"，政策性银行和商业性银行发展不断趋于完善，农村合作性组织和新型农村金融机构迅速崛起，随着金融机构数量的猛增，各方在农村金融市场中获取的份额越来越少，"增量博弈"逐渐消失，当务之急是去"冗余"，进一步提升发展势头良好的村镇银行的服务质量，争取在总份额相对稳定的市场占据一席之地。最后，转换服务方式，加快数字化转型。目前，提升服务质量的契机就是抓住第三次科技革命中的数字化转型，大多数银行已经意识到线上服务的重要性，加上新冠肺炎疫情的冲击，数字化转型已成为突破传统服务方式、深度挖掘客户、提高产品匹配度、优化风险管理的重要途径。

9.3.2 健全科学的激励竞争机制，提升人力资源质量

村镇银行本身就是中小银行，所以其从业人员不在于数量，而在于质量，优化银行空间布局的重要前提就是保障充足且优质的人力资源。首先，把专业人才和技术人才的吸引和培养放在首位。人力资源的管理不应该仅仅局限于行政管理职能的范围，应该将其上升到企业战略层面，尽自身的资金和资源所能"吸引人才、培养

人才、管理人才、留住人才"。其次,建立、实施并完善人才竞争评价体系。对队伍的建立、人才的培养、绩效的产出和环境的优劣等方面做出公平公正的评判,自村镇银行筹建起就竭尽所能构建专业员工和技术人才的储备梯队,吸引和培养满足机构需求的、专业知识过硬、实践能力较强的核心人才。最后,优化薪酬体系和绩效管理体系。在保证薪酬机制公平公正、绩效管理机制客观合理的前提下,充分发挥各种考核机制的指导和激励作用,并最终建立基于战略导向的组织绩效、岗位绩效评估体系,优化考核指标、流程及与薪酬的动态关联机制,将"支农支小"放贷服务纳入绩效体系。

9.3.3 放权村镇银行,促成集群共享式发展

主发起行的控制和管理在很大程度上决定了村镇银行空间布局量化得分,主发起行应该起到引导、支持和辅助的作用。为此,村镇银行实现可持续的健康发展可从以下几方面入手。首先,明确村镇银行自身独立法人的经济地位,保障其"独立经营"。主发起行应相对减少对村镇银行自身整体战略制定的过度参与和干涉,支持和鼓励控股的机构开展差异化经营模式,有利于提升网点自身的绩效,弥补定位同质化的商业银行之间的竞争空白区域,满足长尾客户的金融需求,将村镇银行决策链条短、审批流程快的优势发挥到极致。其次,选择合适的规模化发展模式,提倡集聚共享式发展。目前,村镇银行总分行之间的从属规模化模式能够概括为地市总分行、"多县一行"、管理总部和投管行4种。前两者以外延式机构扩展达到主发起行内部体系的规模效益最大化,而后两者以内涵式机构扩展达到外部规模效益最大化,从而达到内部效益最大化。后两者本身有共享经济的属性,以自身的成本供给实现内外部规模经济,村镇银行可通过管理总部或投管行提供的共享平台或通过第三方共享平台,实现集群共享式规模化发展。

9.3.4 专注于做小、做强、做精,促进与区域经济协同发展

经过十几年的探索和实践,部分村镇银行验证了"支农支小、服务三农"市场定位的正确性,同时只有与区域经济同命运、共呼吸才能优化空间布局。首先,坚守正确定位:做小、做强、做精,与区域经济协同持续发展。村镇银行的服务客户要以小微企业和城乡居民为主要甚至全部的群体,摒弃最大、最快的经营理念,杜绝以追求短期高利润的经营路线,否则,不但阻碍自身的长期可持续发展,导致脱离自身"支农支小"的定位,而且随时面临着遭受违规经营的处置,致使农村金融

政策的实施步履维艰。其次，以"小额分散"为基本原则，促进普惠金融发展。采取与大银行差异化竞争战略，以当地居民和小微企业为服务对象，以"小额分散"为基本原则开展业务，既可以降低经营风险，实现稳健性和流动性要求，符合安全性经营的原则，又可以顾及长尾客户，促进普惠金融的发展。

9.4 强化国家和地方政府对村镇银行的制度建设

9.4.1 出台适应地区发展的激励约束制度

河北省多数村镇银行处于农村地区，发展空间狭窄，面临的风险较高，因此，村镇银行的发展需要政府的大力支持，政府要为村镇银行提供具体的激励约束政策。给予村镇银行一定的支农再贷款支持，对新成立的村镇银行在成立初期免收一定费用，延长村镇银行支农贷款利息税免收年限，对村镇银行支农贷款给予一定补贴等。在货币政策支持方面，可以适当降低村镇银行的存款准备金率以及再贷款利率，为村镇银行满足农户融资需求提供更多的资金保障，切实为农户提供完整优质的服务。但需要注意的是，因各地的村镇银行发展的实际情况不同，各地区的激励约束制度都有所不同。

9.4.2 完善信用类制度

农业产业本就具有一定风险，农户的收入也具有不稳定性，村镇银行为了支持"三农"发展，支农贷款大多都超过一年。因此要制定合理的再贷款政策，延长村镇银行提供支农再贷款的期限，另外要增加支农再贷款的限额，简化村镇银行申请办理支农再贷款的程序，激励村镇银行的发展。除此之外要放宽抵押品的规定，能够使河北省大多数村镇银行达到要求，保证更多的农户实现贷款可得性。在关于农户个人的信用信息方面，政府要鼓励村镇银行积极建立农户信用评价体系，简化申请贷款流程，提高员工的工作效率。

9.4.3 实行差异化监管

首先，应出台专门针对村镇银行的监管标准。村镇银行自身实力与一般商业银行和其他类型农村金融机构相比处于较低水平，如果按照统一监管标准，村镇银行的发展就会越来越受限制，因此在监管上不能"一视同仁"，要将村镇银行与其他金融机构区别对待。其次,应提高村镇银行监管的独立性。与当地政府做好协商,减少政府的干预,提高银保监会及其派出机构的监管自主权。应借鉴美国、日本等发达国家对农村金融市场的监管准则,注重对农村金融的帮扶,进而达到帮助它们防范风险的目的。政府在监管村镇银行时,要实行与一般商业银行等其他金融机构差异化的监管制度,充分考虑村镇银行的资金规模、经营管理、所处环境等因素,避免出现"一刀切"现象,使村镇银行更好、更独立地发展。

9.5 提高村镇银行适应经济社会环境的能力

河北省村镇银行所在地区的经济发展水平、互联网金融的竞争环境以及行业内部带来的压力都影响了村镇银行的发展,因此,村镇银行要不断地适应经济金融生态环境。一是村镇银行要提升盈利能力,在金融业中占据一席之地。在河北省银监局批准的情况下,村镇银行可以进一步拓展理财产品、保险产品代销等业务,与当地政府、企业、事业单位合作,代理其工资的发放,扩大银行卡的发放和使用频率,以此来提高盈利水平。二是村镇银行要加大产品和服务创新。面对互联网金融与商业银行借助金融科技等手段积极创新产品和服务,村镇银行应发挥自身优势,通过线下服务提高核心竞争力。基于市场定位的差异,村镇银行要根据当地所在的经济环境,推出适合当地的农村经营特点的贷款产品,掌握农户不同季节的金融需求,进行差别对待。根据不同需求主体的经营特点,创新抵押担保模式,打造个性化、快捷方便的信贷产品,提高农户对村镇银行的认可度和关注度。三是村镇银行之间可以搭建交流平台,定期相互学习,省内村镇银行之间、省内与省外村镇银行之间相互交流工作经验以及先进的经营理念,使各个村镇银行在不断学习交流中进步,提升村镇银行的业务能力。

参考文献

爱德华·肖，1988. 经济发展中的金融深化［M］. 邵伏军，译. 上海：三联书店上海分店.

保罗·萨缪尔森，2011. 经济学（第18版）［M］. 萧琛，译. 北京：人民邮电出版社.

毕春媛，2015. 经济发展的金融结构适应性效率研究［D］. 哈尔滨：哈尔滨工程大学.

曹岩，白瑀，蔺麦田，等，2009. 制造企业竞争能力分析及评价体系研究［J］. 机床与液压，37（10）：4.

柴瑞娟，2016. 银行商业特许经营：村镇银行主发起行制之替代路径选择［J］. 武汉大学学报（哲学社会科学版），69（4）：121-129.

陈经伟，2015. 村镇银行制度的反思［J］. 中国金融（4）：49-50.

陈诗一，汪莉，杨立，2018. 影子银行活动对银行效率的影响——来自中国商业银行的证据［J］. 武汉大学学报（哲学社会科学版），71（2）：16.

陈一洪，2018. 基于三阶段DEA-Malmquist模型的城商行发展效率研究［J］. 金融监管研究（1）：13.

程惠霞，杨璐，2020. 中国新型农村金融机构空间分布与扩散特征［J］. 经济地理，40（2）：163-170.

程宇，2013. 创新驱动下战略性新兴产业的金融制度安排——基于"适应性效率"的分析［J］. 南方金融（3）：12-17.

道格拉斯C. 诺思，2008. 制度、制度变迁与经济绩效［M］. 杭行，译. 上海：上海人民出版社.

董晓林，程超，龙玲华，2014. 主发起人类型、设立取址与村镇银行经营绩效——以江苏为例［J］. 财贸研究，25（2）：116-121.

付剑茹，叶猛华，万文昊，2019. 模型重置与期货套期保值效率［J］. 江西师范大学学报（自然科学版）（2）：10.

巩丽然，2018. 我国FinTech发展的影响因素研究［D］. 开封：河南大学.

侯世英，宋良荣，2019. 金融科技背景下中小银行转型研究：背景、战略布局与建议［J］. 当代经济管理，41（5）：85-91.

姜世超，刘畅，胡永宏，等，2020. 空间外溢性和区域差异化视角下银行金融科技的影响因素——基于某大型国有商业银行县域数据的研究［J］. 中央财经大学学报（3）：19-32.

蓝寿荣，2017. 论金融法的市场适应性［J］. 政法论丛（5）：13-21.

李志刚，2014. 基于适应性效率的中国保险制度变迁研究［M］. 北京：中国财政经济出版社：118-123.

李志刚，2011. 基于适应性效率的中国保险制度变迁研究［D］. 长春：吉林大学.

李志刚，2017. 中国保险制度适应性效率研究［J］. 当代经济研究（10）：90-96.

刘灿，李桂兰，2007. 现阶段国有商业银行制度的适应性效率分析［J］. 湖南农业大学学报（社会科学版）（1）：55-57.

刘钢，2015. 中小商业银行经营效率实证研究［D］. 北京：对外经济贸易大学.

刘莉亚，李明辉，孙莎，等，2014. 中国银行业净息差与非利息收入的关系研究［J］. 经济研究，49（7）：15.

刘湘云，刘溪，2011. 制度变迁视角下村镇银行制度困境及对策分析［J］. 农村经济（11）：58-60.

刘娅娜，2019. 中国金融产业集聚的空间格局、影响因素及其产业结构调整效应［D］. 开封：河南大学.

刘宜鸿，2019. 基于DEA模型的我国商业银行效率评价［J］. 金融理论与实践（9）：69-77.

刘勇，2010. 中国农村信用社制度变迁研究［D］. 武汉：华中农业大学.

陆智强，2015. 基于机构观与功能观融合视角下的村镇银行制度分析——以辽宁省30家村镇银行的调查为例［J］. 农业经济问题，36（1）：101-106，112.

孟娜娜，粟勤，2020. 挤出效应还是鲶鱼效应：金融科技对传统普惠金融影响研究［J］. 现代财经（天津财经大学学报），40（1）：56-70.

裴宏，2016. 马克思的"适应性"货币流通理论及其在现代的变化——一个基于金融资本的观点［J］. 经济学家（5）：5-12.

皮天雷，刘垚森，吴鸿燕，2018. 金融科技：内涵、逻辑与风险监管［J］. 财经科学（9）：16-25.

秦汉锋，2008. 村镇银行制度创新、环境约束及其演进［J］. 武汉金融（5）：

38-41.

商海岩, 杜志明, 2015. 异质性需求、金融定向支持与产业结构适应性升级 [J]. 科技进步与对策, 32 (3): 55-59.

尚颖, 贾士彬, 2020. 基于四阶段 DEA 的小型农村金融机构社会效率研究 [J]. 河北大学学报 (哲学社会科学版), 45 (5): 98-106.

申创, 赵胜民, 2017. 互联网金融对商业银行收益的影响研究——基于我国 101 家商业银行的分析 [J]. 现代经济探讨 (6): 8.

沈军, 2007. 中国金融适应效率实证研究 (1991—2004) [J]. 暨南学报 (哲学社会科学版) (1): 51-56, 153.

苏小松, 何广文, 2014. 科技要素对小微企业融资途径选择的影响——以 173 家农业科技企业为例 [J]. 金融理论与实践 (4): 25-29.

汪宜香, 徐志仓, 2020. 金融科技水平是否促进经济高质量发展?——基于 2011—2019 年数据检验 [J]. 宝鸡文理学院学报 (社会科学版), 40 (4): 77-82, 116.

王步芳, 2006. 首都金融产业集群优势与发展研究 [J]. 北京市经济管理干部学院学报 (4): 11-16.

王阔, 2021. 基于 POI 数据的秦皇岛市商业网点布局问题研究 [D]. 秦皇岛: 燕山大学.

王守财, 2010. 产业集聚过程中的金融聚集效应——模型与实证研究 [D]. 重庆: 重庆大学.

王小燕, 2006. 打造银行商业智能平台 增强银行竞争力 [J]. 南方金融 (6): 48-49.

王振山, 徐权, 1998. 浅谈金融资源的分配与金融效率的提高 [J]. 天津经济 (6): 4.

吴昊, 杨济时, 2015. 互联网金融客户行为及其对商业银行创新的影响 [J]. 河南大学学报 (社会科学版), 55 (3): 29-34.

向林峰, 文春晖, 2012. 适应性农村金融组织体系评价指标构建 [J]. 天府新论 (5): 60-63.

辛文博, 王俊亮, 赵冀梅, 等, 2017. 浅议智能设备驱动下的商业银行网点经营转型 [J]. 统计与管理 (3): 94-95.

熊彼特, 2009. 经济发展理论 [M]. 北京: 中国社会科学出版社.

杨思思, 郝志军, 张增显, 2009. 河北省农村金融现状及发展对策 [J]. 河北金融

（6）：50-52.

杨香花，2003.GIS 辅助下的金融网点选址研究——以广州市农业银行网点布局调整为例［D］.长春：东北师范大学.

姚晓明，贺灿飞，2015.集聚经济、空间效应与本地特征——我国商业银行网点空间布局研究［C］//中国地理学会经济地理专业委员会学术研讨会论文摘要集.

殷小斌，2009.我国的金融体系低效与高经济增长——关系实证及适应性效率解释［J］.理论界（2）：56-58.

余文建，武岳，华国斌，2017.消费者金融素养指数模型构建与分析［J］.上海金融（4）：8.

詹继生，2008.关于农村金融的有效性和适应性［J］.企业经济（6）：123-126.

张富田，2012.适应性效率与资本市场监管体制建设［J］.商业时代（23）：116-117.

张家瑞，2018.辽宁省农村中小金融机构网点布局研究［D］.大连：辽宁师范大学.

赵晓璇，2020.金融科技发展对商业银行全要素生产率的影响研究［D］.济南：山东大学.

周升业，2002.金融资金运行分析：机制·效率·信息［M］.北京：中国金融出版社.

周雅文，2019.知识付费平台比较研究［D］.武汉：华中师范大学.

附录 A
河北省村镇银行金融科技发展调查问卷

尊敬的村镇银行代表：

我是河北农业大学农村金融方面的研究员，感谢您参与本次问卷调研。本问卷的收集目的是更好地理解和服务转型中的村镇银行，问卷结果仅用于行业研究，全部信息将严格保密，请您如实、准确地反馈贵行情况。

感谢您的支持与配合，祝您答卷顺利。

一、个人对金融科技的看法

1. 请首先选择您目前的职务类型

A. 职员

B. 分管主管

C. 部门经理

D. 行长及以上

2. 请问您对金融科技助力村镇银行转型的看法

A. 很有必要

B. 同行都在做，我们也跟着做

C. 没什么必要

3. 对于以下前沿金融科技，请问您最关心哪些，并排序（3~5项）

移动互联网

A. 云计算

B. 大数据

C. 区块链

D. 人工智能

E. 生物识别

F. 物联网

其他，请说明 _____

4. 您认为影响村镇银行进行金融科技改革的因素是什么，并根据重要性排序（3~5项）

    A. 资金不足

    B. 技术人员缺乏

    C. 主发起行管控

    D. 缺少第三方科技型公司合作

    E. 传统的管理运营机制束缚

    F. 政府审批烦琐

    其他，请说明＿＿＿＿＿＿＿＿＿＿＿＿＿＿＿＿＿＿＿＿＿＿

二、贵行金融科技发展状况

5. 贵行目前是否有明确的金融科技发展规划

    A. 有规划并且按规划发展

    B. 没有明确规划但已经开始实践

    C. 还在观望，没有规划也没有实践（接13题）

6. 贵行进行了哪些方面的金融科技发展应用实践（多选）

    A. 引入智能柜员机，降低人员成本

    B. 建设网上银行，手机银行

    C. 通过线上生活服务，网上优惠商城便利客户

    D. 基于大数据分析进行产品创新和精准营销

    E. 贷款业务线上化

    F. 应用大数据提升风险防控能力

    其他，请说明＿＿＿＿＿＿＿＿＿＿＿＿＿＿＿＿＿＿＿＿＿＿

7. 在发展金融科技的过程中，贵行遇到了哪些困难（多选）

    A. 需要投入太大，难以支撑

    B. 原有团队技能不足

    C. 难以招聘到合适的成员

    D. 银行传统的管理运营模式阻碍创新

    E. 缺少运维导致建设后应用效果不佳

    其他，请说明＿＿＿＿＿＿＿＿＿＿＿＿＿＿＿＿＿＿＿＿＿＿

8. 贵行建设发展金融科技的方法是

A. 自建

B. 主发起行提供支持

C. 与第三方科技公司合作

D. 与其他大型商业银行合作

E. 其他（请说明）

9. 贵行是否有专门的金融科技部门或者团队

A. 是

B. 否（接第四部分）

C. 尚未正式成立，正在筹建（接第四部分）

三、贵行金融科技团队状况

10. 贵行的金融科技部门/团队在组织中的位置

A. 在 IT 部门下

B. 在零售业务部下

C. 在对公业务部下

D. 在同业业务部下

E. 在业管部下

F. 由行长/副行长分管的独立部门

其他，请说明_____

11. 贵行的金融科技团队由哪些人组成

A. 原 IT 团队成员

B. 原产品团队成员

C. 风险团队成员

D. 运营团队

其他，请说明_____

12. 贵行金融科技团队成员平均学历水平为

A. 大专及以下

B. 本科

C. 硕士及以上

13. 贵行金融科技团队成员专业方向为

A. 计算机网络、编程

B. 软件开发

C. 金融

D. 金融科技

E. 其他

四、金融科技建设方面

14. 贵行目前核心系统的建设和维护是由哪方在做

A. 主发起行提供

B. 三方开放，自己维护

C. 开发和维护均来自第三方，第三方科技公司

15. 贵行在建设和维护金融科技产品的投入占利润的比例为多少

A. 3%以下

B. 3%~6%

C. 6%~10%

D. 10%以上

16. 贵行将来是否考虑借助第三方的力量加快金融科技建设

A. 是（下接14题）

B. 否（下接15题）

17. 贵行期待与第三方科技企业提供哪些支持（选择并排序）

A. 合作创新金融科技产品

B. 合作建设数字化渠道

C. 合作提升客户黏性，获取新客户

D. 合作为本行提供个性化金融科技产品定制

E. 基于大数据、区块链等技术提升风险管理水平

F. 提供业界成功案例借鉴方案

G. 其他，请说明＿＿＿＿＿＿＿＿＿＿＿＿＿＿＿＿＿＿

18. 不考虑借助第三方是出于何种顾虑（选择并排序）

A. 主发起行决定，下游只需落实

B. 担心合作导致客户流失

C. 担心合作导致客户信息泄露

D. 第三方成本过高

E. 其他，请说明_____

五、区域特色及优劣势

19. 您认为贵行所在区域需要的金融服务是否明显具有地方特色

    A. 是

    B. 否

20. 请客观评价，贵行在当地金融机构的竞争中，您认为自身的优势是什么

    A. 规模小，方便管理

    B. 服务农村，有针对性

    C. 政府的政策倾斜

    D. 其他，请说明_____

21. 请客观评价，贵行在当地金融机构的竞争中，您认为自身的劣势是什么

    A. 规模小，容易被大型商业银行抢占资源

    B. 与政府连接不紧密，获取不到有利资源

    C. 客户认知度低

    D. 其他，请说明_____

22. 贵行在提供特色的金融服务过程中，有哪些可以分享的经典案例，请举例。

23. 您认为目前贵行在金融科技方面有哪些不足，未来会采取什么方法来解决这些问题？

六、新冠肺炎疫情对贵行工作的影响

24. 疫情对贵行业务量是否有影响

    A. 影响很大

    B. 有影响，但影响不大

    C. 没有任何影响

25. 疫情期间，贵行工作人员采取什么方式办公

    A. 分组值班，保证每天营业室有业务员

B. 采用网络远程化办公

C. 暂停业务办理，等待疫情结束

D. 其他，请说明＿＿＿＿＿＿＿＿＿＿＿＿＿＿＿＿＿＿＿＿

26. 疫情期间，您认为拥有先进的金融科技产品是否存在优势

A. 优势很大，给客户带来了很大的便利

B. 有优势，但是不明显

C. 没有优势

27. 疫情过后，贵行将重点在金融科技方面采取哪些措施

A. 网络化办公方面

B. 客户线上生活服务方面

C. 场景服务方面

D. 金融风险防控方面

E. 数据整理与筛选方面

F. 其他，请说明＿＿＿＿＿＿＿＿＿＿＿＿＿＿＿＿＿＿＿＿

附录B
河北省村镇银行支农效果调查问卷

调查日期：_____

您好！我是河北农业大学的在读研究生，现在正在做一项有关河北省村镇银行支农效果的调查。本问卷主要了解您对村镇银行的认知情况及对村镇银行的支农效果满意度，希望您如实填写，本次调查承诺保护您的隐私，所得数据仅作为项目研究所用，感谢您的支持与合作！填写说明：请在与您实际情况和真实想法相符合的选项后面打对钩，如果没有特别说明均为单选题。

调查地_____市_____（县级市）/县_____乡/镇_____村

一、家庭基本情况

1. 户主年龄_____岁   性别_____

2. 您的文化程度：A. 未上过学   B. 小学   C. 初中   D. 高中或中专   E. 大专及以上

3. 政治面貌：A. 中共党员   B. 共青团员   C. 民主党派   D. 群众

4. 家庭所处地理位置：A. 山区   B. 平原   C. 城市郊区

5. 家庭主要从事生产活动：A. 种植业   B. 养殖业   C. 家庭手工   D. 商业   E. 工场   F. 其他（请注明）_____

6. 您未来的经营意愿是：A. 维持现状   B. 缩小规模   C. 扩大经营   D. 暂无想法

7. 家庭年收入：A. 5 000元以下   B. 5 000~10 000元   C. 10 000~20 000元   D. 20 000元以上

8. 您的家庭收入在你们村处于什么位置：A. 中等偏下   B. 中等   C. 中等偏上

9. 家庭主要开支（可多选）：A. 购买农业生产资料   B. 日常开支   C. 孩子教育   D. 家人看病   E. 其他（请注明）_____

10. 您一般都通过什么渠道获取资金？（可多选）

A. 农民合作社　B. 小额贷款公司　C. 农村信用社　D. 村镇银行　E. 大型商业银行　F. 找亲戚借

11. 您是否担任过村干部：A. 是　B. 否

二、农户对村镇银行认知情况调查

12. 您通过哪些了解当地村镇银行？（可多选）

　　A. 政府宣传　B. 新闻媒体宣传　C. 经朋友介绍　D. 业务需要　E. 没有听说过

13. 您对村镇银行服务"三农"的功能是否了解？A. 了解　B. 不太清楚　C. 不了解

14. 您是否到农村金融机构贷过款？A. 贷过（数目：　　　）B. 没有

15. 您是否会把闲置资金存入村镇银行？A. 会存入，但只有少部分　B. 大部分会存入　C. 不会存入

16. 你觉得相比传统金融机构，村镇银行有那些优点？（可多选）

　　A. 贷款审批时间短　B. 贷款门槛低　C. 信贷政策灵活　D. 贷款利率低　E. 业务更有针对性

17. 您觉得村镇银行的可信度如何？

　　A. 非常信任　B. 比较信任　C. 一般　D. 不信任（原因：　　　　　　　　）

三、村镇银行支农效果调查

（一）村镇银行贷款可得性调查

18. 您是否有贷款的申请意愿？A. 是　B. 否（原因：　　　　　　　　　　）
19. 您是否申请过贷款？A. 是（金额：　　　　）

　　B. 否（原因：　　　　　　　　　　　　　　　　　　　　　　　跳到30题）

20. 您的申请批准与否：A. 是　B. 否
21. 如果没有被批准，原因是：　　　　　　　　　　　　
22. 如果批准了，是否足额？　A. 是　B. 否
23. 如果不是足额，原因是：　　　　　　　　　　　　
24. 您申请贷款的目的（可多选）：

　　A. 购买农业生产资料　B. 扩大农业生产　C. 经商需要　D. 孩子教育　E. 其他（请注明）

(二) 农户对村镇银行满意度调查

25. 您认为村镇银行办理贷款业务的程序（申请、审批、放款等）：

A. 简单 B. 一般 C. 较为复杂 D. 非常复杂

26. 您觉得办理贷款业务的时间：A. 较快 B. 一般 C. 较慢 D. 很慢；您认为的合理时间为 _____

27. 您觉得村镇银行的贷款利率：A. 较低 B. 一般 C. 较高 D. 很高

28. 您觉得什么样的还款方式较合适：

A. 到期一次性还清 B. 分期还款（a. 到期后再分期还款 b. 提前分期还款）

29. 您觉得村镇银行员工的素质（服务）如何：A. 非常高 B. 较高 C. 一般 D. 较差

(三) 村镇银行对农户的福利影响调查

30. 村镇银行业务的开展对您的收入受否有影响？A. 有 B. 否

31. 如果有影响，具体是：_____

32. 村镇银行业务的开展是否对您的生活质量有影响？A. 是 B. 否

33. 如果有影响，具体是：_____

34. 村镇银行业务的开展是否对您生活幸福感有影响？A. 是 B. 否

35. 如果有影响，具体是：_____

36. 您对村镇银行今后的发展与建设有哪些意见或建议？

_____

后　　记

本书为著者2018年承担的河北省社会科学基金项目"京津冀现代农业协同下新型农村金融适应性成长研究"（项目编号：HB18YJ057）的研究成果。本书由河北农业大学经济贸易学院教授杨海芬、河北农业大学资源与环境科学学院教授赵增锋、河北农业大学2020届硕士毕业生范倩倩、中国银行容城支行赵新烁、中国邮政集团公司北京分公司王春柳共同完成。在课题研究和本书的写作过程中，范倩倩、赵新烁和王春柳三位同志在调研、数据统计、相关学术论文和研究报告的撰写等方面花费了大量的时间和精力，在此表示感谢。本书的完成得益于课题组其他成员，包括河北农业大学经济管理学院教师张志鹏、李静，河北农业大学经济管理学院研究生晁楠、赵博涵、张岩、张瑞、隋美超、孔月星、张桐桐和李雪萍等进行调研、资料收集、校稿等阶段性工作，在此一并致谢。

著　者

2022年2月